새내기
중국어 상

개정3판

새내기 중국어 상

고려대학교 문과대학
중어중문학과 교수실

KU PRESS
고려대학교
출판문화원

《새내기 중국어》
3판을 발간하며

국제 정세나 한중 관계의 변동성을 감안하더라도 21세기 중국의 증대된 위상에 대해서는 더 이상의 수식어가 필요 없을 것이다. 이 과정에서 다양한 갈등과 충돌이 빚어지고 있으며, 이에 대한 해결의 중요성 역시 나날이 커지고 있다. 더불어 인공지능과 같은 과학기술의 발달에 따라 외국어 교육의 필요성이나 환경 역시 달라지고 있다. 장기적으로 언어가 국가 간, 문명 간 교류의 장벽이 될 수 없는 환경이 조성되고 있다. 그럼에도 타국의 언어를 자유자재로 구사함으로써 얻게 되는 장점 역시 크다. 언어는 단순한 의사소통의 수단에만 그치지 않고, 역사와 문화를 이해하는 기본적인 매개체이다. 중국어 역시 예외가 아니다. 중국어 습득에서 한 걸음 진전된 언어 환경에 대한 이해를 통해 심화 교류가 가능할 것이다. 금번 개정판 역시 변화된 중국의 면모를 담아내기 위해 심혈을 기울였다.

고려대학교 중어중문학과는 1975년부터 교양 중국어 교육을 위한 교재 출판을 시작했다. 1975년 최초 출판된《교양 중국어》는 1981년, 1994년, 1998년 개정을 거듭하면서 한국적인 시각에서 중국어의 습득과 중국에 대한 이해를 심화하고자 노력했다. 이와 같은 편찬의 목적은 2004년에《새내기 중국어》라는 이름으로 전면 개정하여 출판된 교재에도 동일하게 적용되었다. 금번 개정 3판 또한 변화된 중국 상황을 반영하기 위해 심혈을 기울였으며, 동시에 국내 중국어 교육의 질적 향상을 위한 전문가들의 견해를 담고자 노력했다. 본 교재의 특징은 다음과 같다.

1. 중국에서 생활하면서 경험할 수 있는 상황에 적합한 표현과 회화를 구사할 수 있도록 하였으며, 중국어의 특성뿐 아니라 중국의 문화를 이해하는 데 도움이 되도록 구성되었다.

2. 중국어의 기초 발음부터 중급 이전 수준까지 단계별로 난이도가 높아지도록 구성함으로써, 기초 실력을 닦고 상위의 학습 단계로 나아갈 수 있도록 구성되었다.
3. 난이도에 준하여 실제 상황에 맞는 풍부한 어휘와 다양한 표현을 제시하여, 학습자가 중국인과 기본적인 회화가 가능하도록 구성되었다.

본 교재의 출판을 위해 많은 분들이 수고해 주셨다. 고려대학교 중어중문학과 교수진을 비롯하여 중어중문학계의 젊고 유능한 선생님들이 다수 참여해 주셨다. 바쁜 와중에도 교재 편찬의 제반 업무를 맡아 진행해 주신 오유정 선생님, 집필과 교정에 참여해 주신 김은주, 류호현, 정지수, 최신혜, 허설영, 홍소영 선생님의 수고에 깊은 감사를 드린다. 더불어 감수를 맡아 수고해 주신 권혁준 선생님과 조동매 선생님의 노고에 감사를 드린다. 녹음 작업에는 조동매 선생님과 진화(陳華) 선생님께서 수고해 주셨다. 마지막으로 악화되고 있는 출판 상황에서도 교재 편찬을 적극 지원해 주신 고려대학교 출판문화원 원장 불어불문학과 지영래 선생님과 출판 과정의 실무를 맡아 수고해 주신 편집진에 감사의 말씀을 전한다.

2024년 2월

고려대학교 문과대학 중어중문학과 교수실

이 책의 구성과 활용

매 과는 学习目标 – 重点句型 – 生词(一) – 会话(一) – 生词(二) – 会话(二) – 重点语法 – 练习으로 이루어져 있으며, 별책의 워크북을 통해 스스로 학습할 수 있다.

1

2

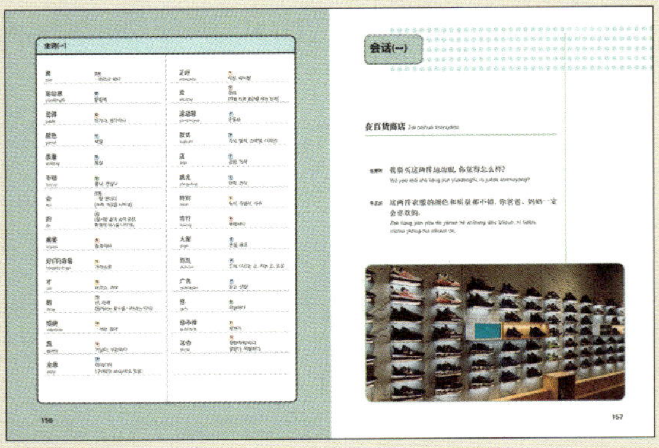

4

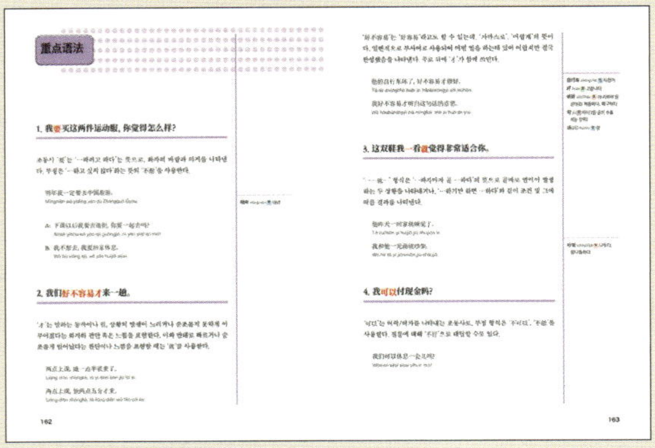

5

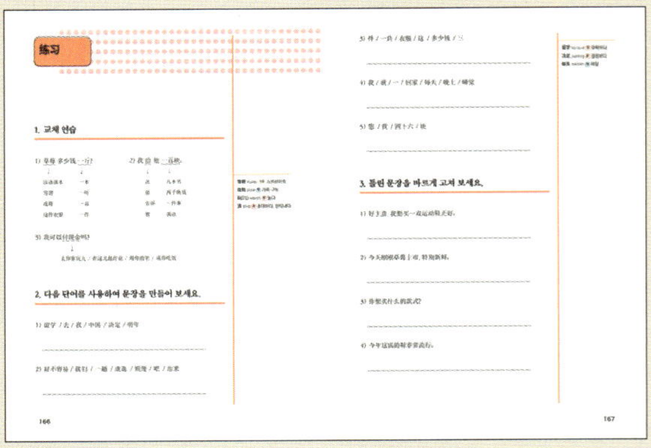

학습목표와 중점문형 중점어법을 연계하여 순서대로 제시하고 있으며, 새 단어와 회화도 두 개의 파트로 나누어 제시하고 있어, 학습자 및 교수자의 필요에 따라 전부 또는 일부를 선별하여 학습할 수 있다.

각 단원의 학습을 마친 이후에는 별도로 제공된 워크북을 활용하여 학습자의 학습 현황을 점검할 수 있다.

3

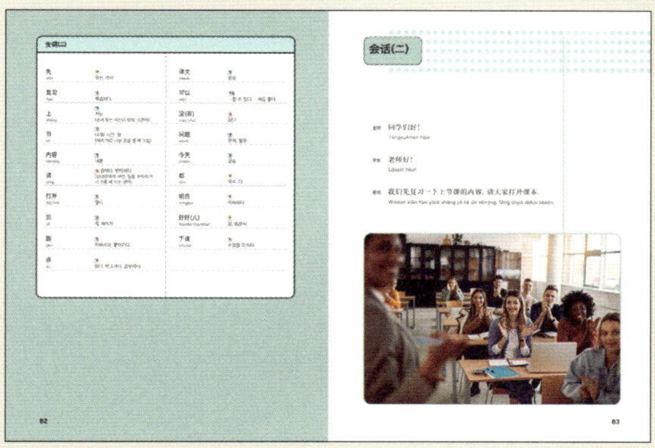

워크북

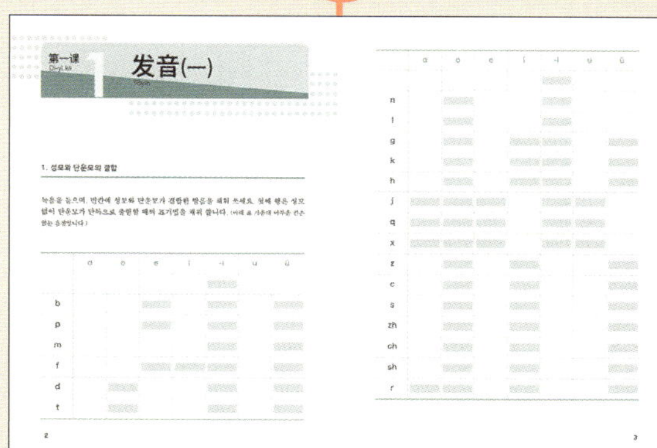

부록

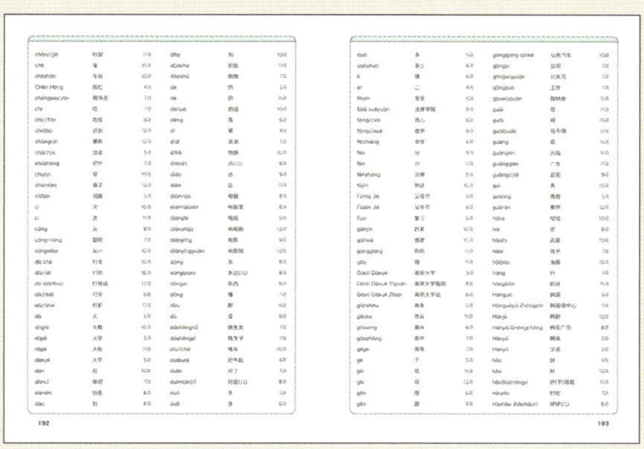

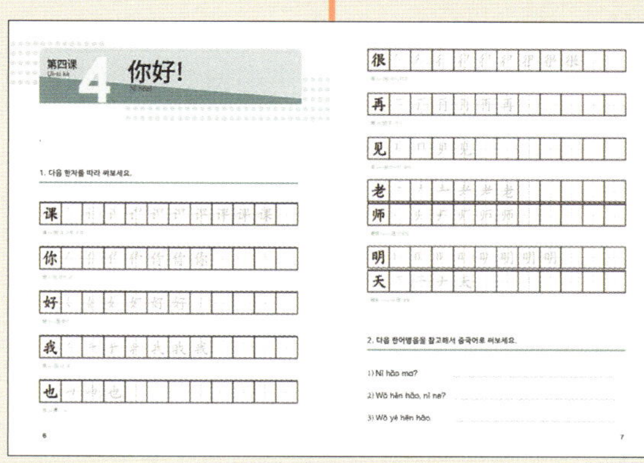

차례

한눈에 보는 새내기 중국어 상

学习目标	重点句型	重点语法
들어가기 중국, 그리고 중국어		
중국어와 관련된 기본 지식을 이해한다.		1. 중국 2. 중국어 3. 보통화 4. 간화자 5. 한어병음
제1과 发音 (一)		
1. 중국어의 음절 구조를 이해한다. 2. 단운모와 성모를 발음할 수 있다. 3. 중국어의 네 가지 성조를 구분할 수 있다.		1. 중국어의 음절 구조 2. 단운모 3. 성모 4. 성모와 단운모의 결합 5. 성조 6. 성조 연습
제2과 发音 (二)		
1. 복운모와 비운모를 발음할 수 있다. 2. 한어병음 표기법을 이해한다.		1. 복운모 2. 비운모 3. 성모와 복운모의 결합 4. 성모와 비운모의 결합 5. 한어병음 표기 6. 성조 표시 7. 고유명사의 한어병음 표기 8. 격음 부호

学习目标	重点句型	重点语法
제3과 发音 (三)		
1. 제3성의 변화 규칙을 이해한다. 2. 경성을 발음할 수 있다.		1. 제3성의 변화 2. 제3성의 변화 연습 3. 경성 4. 경성 연습
제4과 你好!		
1. 만날 때와 헤어질 때 인사를 할 수 있다. 2. 감사와 사과의 표현을 할 수 있다. 3. '一'와 '不'의 성조 변화를 이해한다. 4. 인칭대사를 활용할 수 있다.	1. 你好! 2. 我很好, 你呢? 3. 谢谢!	1. '一', '不' 읽는 방법 2. 중국어 인사 3. 감사와 사과 4. 인칭대사 5. 어기조사 '呢'
제5과 你叫什么名字?		
1. 이름과 국적을 묻고 답할 수 있다. 2. 학년과 전공을 소개할 수 있다. 3. 나이를 묻고 답할 수 있다. 4. 판정의문문과 의문대사의문문을 사용할 수 있다.	1. 你是中国人吗? 2. 你叫什么名字? 3. 我是经济系一年级的。 4. 你今年多大了?	1. '是' 동사술어문 2. 어기조사 '吗'를 이용한 의문문[판정의문문] 3. 이름 묻기 4. 관형어 표지 '的' 5. 나이 묻기 6. 의문대사를 이용한 의문문 [의문대사의문문]
제6과 你忙不忙?		
1. 근황을 묻고 답할 수 있다. 2. 정반의문문을 활용할 수 있다. 3. 지시사의 용법을 이해할 수 있다. 4. 청유를 표현할 수 있다.	1. 你最近忙不忙? 2. 我最近很忙, 课太多了。 3. 这是汉语课本吗? 请大家打开课本。	1. 정반의문문 2. 정도부사 '很' 3. 지시대사 '这, 那' 4. 청유의 표현 '请'

学习目标	重点句型	重点语法
제7과 我有一个姐姐		
1. 가족에 대해 소개할 수 있다. 2. 직업에 대해 표현할 수 있다. 3. 수사와 양사를 올바르게 활용할 수 있다. 4. 소유를 표현할 수 있다.	1. 我有一个姐姐。 2. 她是老师，在高中教英语。 3. 你姐姐看起来又聪明又能干。 4. 我明天有测验。	1. 수사와 양사의 활용 '수사+ 양사+ 명사', '지시대사+(수사)+양사+명사' 2. 직업 표현하기 3. '看起来' '又…又…' 4. '有'자문 '소유자+有+소유물' 5. 중국어의 숫자 표현
제8과 图书馆在哪儿?		
1. 장소와 위치를 표현할 수 있다. 2. 공간과 시간의 범위를 나타낼 수 있다. 3. 방위사를 활용할 수 있다. 4. '在','有','是'를 사용한 존재의 표현을 구분하여 활용할 수 있다.	1. 你去哪儿? 2. 图书馆在法律学院东边儿。 3. 从三楼到五楼是阅览室。 4. 我们先吃点儿东西再来吧。	1. 존재를 나타내는 '在', '有', '是' 2. 방위사 3. '听说' 4. 부가의문문 '…, 好不好?' 5. 범위 표현 '从…到…' 6. '有点儿'과 '一点儿' 7. 선후동작의 표현 '先…再…'
제9과 现在几点?		
1. 날짜, 요일, 시간을 말할 수 있다. 2. 하루 일과를 묻고 답할 수 있다. 3. 명사술어문을 활용할 수 있다.	1. 现在几点? 2. 有时候去图书馆看书，有时候去咖啡厅做作业。 3. 父亲节是几月几号? 4. 星期六下午我们一起去买礼物吧。	1. 날짜, 요일, 시간 표현 2. 명사술어문 3. '有时候..., 有时候...' 4. 빈도부사 '常常' 5. 시간명사 '平时' 6. 조동사 '想'

学习目标	重点句型	重点语法
제10과 百货商店怎么走?		
1. 길을 묻고 답할 수 있다. 2. 선택의문문을 활용할 수 있다. 3. 가정을 나타내는 복문을 활용할 수 있다. 4. 동사중첩을 활용할 수 있다.	1. 走着去, 还是坐车去? 2. 我去问问那位阿姨吧。 3. 要是不堵车的话, 大概半个小时就到了。 4. 百货商店怎么走? 5. 要先坐六号线到石溪站, 然后再换乘一号线。	1. 선택의문문 'A还是B?' 2. 연동문에 쓰이는 '着' 3. 가정을 나타내는 복문 '要是/如果…的话' 4. 당위를 나타내는 조동사 '要' 5. 동사중첩
제11과 您要买什么?		
1. 중국어로 가격을 묻고 물건을 살 수 있다. 2. 다양한 숫자 표현을 실생활에 활용할 수 있다. 3. 이중목적어 구문을 활용할 수 있다.	1. 我要买这两件运动服, 你觉得怎么样? 2. 我们好不容易才来一趟, 顺便逛逛吧! 3. 这双鞋我一看就觉得非常适合你。 4. 我可以付现金吗? 5. 找您四十六块。	1. 바람, 의지를 나타내는 조동사 '要' 2. '好不容易'와 '才', '才'와 '就' 3. '一… 就…' 4. 허가를 나타내는 조동사 '可以' 5. 이중목적어 구문 〈숫자 활용법〉 ▪ 전화번호 읽기 ▪ 버스, 지하철 노선, 항공 편명 읽기 ▪ 화폐 읽기
제12과 我已经买了票了		
1. 약속을 잡을 수 있다. 2. 동태조사 '了'와 어기조사 '了'를 구분하여 활용할 수 있다. 3. 시량보어와 동량보어를 활용할 수 있다. 4. 동작의 진행을 나타낼 수 있다.	1. 你等了很久吧? 2. 我已经买了票了。 3. 前面有很多人在排队。 4. 还有五分钟就要开演了。 5. 真不错! 我还想再看一遍。	1. 시량보어 2. 동태조사 '了'와 어기조사 '了' 3. 진행을 나타내는 '在' 4. 임박을 나타내는 '要/快/快要/就要…了' 5. 동량보어

일러두기

명사(名词) 명
고유명사(专有名词) 고유
대사(代词) 대
수사(数词) 수
양사(量词) 양
동사(动词) 동
조동사(能愿动词) 조동
형용사(形容词) 형
부사(副词) 부
개사(介词) 개
조사(助词) 조
접속사(连词) 접
감탄사(叹词, 语气词) 감
의성사(拟声词) 의
수량구(数量短语) 수량
접미사(后缀) 접미
접두사(前缀) 접두

새내기 중국어
음원 다운로드

- 한자는 간화자를 사용하고, 한어병음 표기는 모두《现代汉语词典》(제7판)을 기준으로 하며, 뜻은《现代汉语词典》(제7판, 商务印书馆, 2016),《중한사전》(고려대학교민족문화연구원, 2002) 및 네이버 중한사전을 기준으로 함(단,《现代汉语词典》(제7판)에 수록되지 않았으나《중한사전》에 포함된 경우, 일반적인 사용 상황을 고려하여 반영하였음).

- 새단어에는 '一', '不'의 성조 변화(변독, 变读)를 반영하지 않고 본 성조로 표기하되, 본문 및 활용 부분에서는 교육의 목적에 따라 이를 반영하여 표기함.

- 복수의 성조를 인정하는 경우(경성과 본 성조) 새 단어에는 두 개의 성조를 모두 표기하고, 본문 및 활용 부분에서는 교육의 목적에 따라 보다 통용되는 성조로 통일하여 표기함. 이때 경성은 가운데 점 '·'으로 표기함.
  예) 学生 xué·shēng

- 이합사(离合词 líhécí)는 새 단어 한어병음에 //로 표기함.
  예) 上学 shàng//xué 동 학교에 다니다.

- 처음 출현하는 중국어 명칭에 대해서는 한국어(한자 한어병음)의 순서로 제시하고, 이후에는 한국어만 표기함.
  예) 한어(汉语 Hànyǔ)

- 지명/인명 등은 국립국어원의 '외래어 표기법'을 따르되, 필요에 따라 관습적인 표기법을 사용하기도 함.

- 예문 앞 * 표시는 비문법적인 문장임을 표시함.

중국,
그리고 중국어

Heilongjiang
Jilin
Xinjiang
Liaoning
Inner Mongolia
(Nei Mongol)
BEIJING
Tianjin
Hebei
Shanxi
Ningxia
Shandong
Qinghai
Gansu
Henan
Jiangsu
Shaanxi
Shanghai
Tibet
(Xizang)
Anhui
Hubei
Sichuan
Zhejiang
Chongqing
Jiangxi
Hunan
Fujian
Guizhou
TAIPEI
Yunnan
Guangxi
Guangdong
Hong Kong
Macau
Hainan

중국 中国 Zhōngguó

중국의 정식 명칭은 중화인민공화국(中华人民共和国 Zhōnghuá Rénmín Gònghéguó)으로 수도는 베이징(北京 Běijīng)이다. 중국은 23개의 성(타이완을 23번째 성으로 간주)과 5개의 자치구(신장, 티베트, 네이멍구, 닝샤, 광시), 4개의 직할시(베이징, 톈진, 상하이, 충칭), 2개의 특별행정구(홍콩, 마카오)로 이루어져 있다. 중국의 면적은 약 960만 km^2이며, 한족(90% 이상)과 55개의 소수 민족으로 구성되어 있다.

중국어 汉语 Hànyǔ

중국어는 중국 인구의 대다수를 차지하는 한족(汉族 Hànzú)의 언어라는 뜻에서 '한어(汉语 Hànyǔ)'라고 부른다.

보통화 普通话 pǔtōnghuà

중국 정부에서 제정한 표준 중국어를 '보통화(普通话 pǔtōnghuà)'라고 한다. 보통화는 베이징(北京 Běijīng) 발음을 표준음으로 삼고, 북방 방언을 어휘의 기초로 삼으며, 모범적인 현대 백화문 저작을 문법의 기초로 삼고 있다. 우리가 배우는 중국어가 바로 보통화에 해당한다.

간화자 简化字 jiǎnhuàzì

중국의 문자는 한자(汉字 Hànzì)이다. 중국(대륙)에서는 기존의 한자를 쓰기 편하고 익히기 쉽도록 간략화한 간화자(简化字 jiǎnhuàzì)를 사용한다. 반면, 한국, 타이완, 홍콩에서는 기존의 한자체인 번체자(繁体字 fántǐzì)를 사용하고 있다.

간화자	번체자
中国	中國
汉语	漢語
普通话	普通話

중국은 문맹 퇴치를 위해 〈한자간화방안(汉字简化方案 Hànzì Jiǎnhuà Fāng'àn)〉을 발표하고, 이에 따라 한자를 대대적으로 간화하는 작업을 진행하였다. 이 방안에 수록된 글자를 간화자(简化字 jiǎnhuàzì)라고 한다.

간체자(简体字 jiǎntǐzì)는 간화자보다 넓은 개념으로, 〈한자간화방안〉에 수록되지 않은 글자라도 번체자를 간화한 것이면 모두 간체자라고 불러요.

한어병음 汉语拼音 Hànyǔ Pīnyīn

중국어의 발음 표기법을 '한어병음방안(汉语拼音方案 Hànyǔ Pīnyīn Fāng'àn, 이하 한어병음)'이라고 한다.

한어병음은 '로마자(알파벳)'와 음의 높낮이를 나타내는 '성조 부호'로 구성된다. 한어병음은 중국어의 발음을 표기하기 위해 인위적으로 만들어진 체계이므로 한어병음 체계에 맞게 발음할 수 있도록 유의해야 한다.

간화자	한어병음
中国	Zhōngguó
汉语	Hànyǔ
普通话	pǔtōnghuà

1

第一课

Dì-yī kè

发音(一)

Fāyīn

学习目标

1 중국어의 음절 구조를 이해한다.

2 단운모와 성모를 발음할 수 있다.

3 중국어의 네 가지 성조를 구분할 수 있다.

1. 중국어의 음절 구조

중국어의 음절은 성모(声母 shēngmǔ)와 운모(韵母 yùnmǔ), 성조(声调 shēng diào)로 이루어져 있다. 음절 첫 부분에 오는 자음을 성모라 하고, 그 나머지 뒷부분을 운모라고 한다. 첫 부분에 성모가 오지 않고 운모로만 이루어진 음절도 있다. 중국어는 음절 하나하나마다 높낮이의 변화가 있는데, 이를 성조라 한다.

2. 단운모(单韵母 dānyùnmǔ)

하나의 모음으로 구성된 운모를 단운모라 한다. 중국어에는 6개의 단운모가 있다.

단모음	입술 모양	발음 방법
a		입을 크게 벌리고 '아'라고 발음한다.
o		입술을 동그랗게 벌려서 발음한다. 한국어의 '오'보다 입을 더 크게 벌린다.
e		입을 반쯤 벌리고 '으'에서 '어'로 연속적으로 빠르게 미끄러지듯 발음한다. o 발음에서 동그랗게 모았던 두 입술을 양쪽으로 펴면 e 발음이 된다.
i		입을 작게 벌리고 입술을 양쪽으로 길게 펴며 발음한다.
u	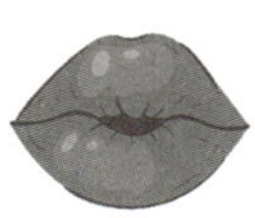	입술을 작고 동그랗게 앞으로 오므려 '우'로 발음한다.
ü		i를 발음한 상태에서 입술만 u 발음할 때처럼 앞으로 오므린다. ü를 발음한 뒤 입 모양은 둥글게 유지되어야 한다. 한국어의 '위'와 유사하지만, 발음이 끝날 때까지 입술 모양이 변하지 않아야 한다.

3. 성모(声母 shēngmǔ)

중국어에는 21개의 성모가 있다. 성모는 운모와 결합하여 소리를 낸다.

성모	발음 방법	발음 부위
b	위아래 입술을 붙였다 떼면서 내는 소리, 'ㅃ'에 가깝다.	양순음(双唇音): 입술 소리 (o)
p	b와 같은 발음 동작에 보다 강한 기류로 내는 소리, 'ㅍ'에 가깝다.	
m	위아래 입술을 붙였다 떼면서 코로 공기를 내뿜으며 내는 소리	
f	윗니와 아랫입술 사이 틈으로 기류가 마찰하며 나오는 소리	순치음(唇齿音): 이입술 소리 (o)
d	혀끝을 윗잇몸에 붙였다 떼면서 내는 소리, 'ㄸ'에 가깝다.	설첨음(舌尖音): 혀끝 소리 (e)
t	d와 같은 발음 동작에 보다 강한 기류로 내는 소리, 'ㅌ'에 가깝다.	
n	혀끝을 윗잇몸에 붙였다 떼면서 코로 공기를 내뿜으며 내는 소리	
l	혀끝을 윗잇몸에 붙였다 떼면서 기류가 혀 양옆으로 나오는 소리	
g	혀뿌리를 입천장(연구개)에 붙였다 떼면서 내는 소리, 'ㄲ'에 가깝다.	설근음(舌根音): 혀뿌리 소리 (e)
k	g와 같은 발음 동작에 보다 강한 기류로 내는 소리, 'ㅋ'에 가깝다.	
h	혀뿌리를 입천장(연구개) 가까이에 대고 그 틈으로 기류가 마찰하며 나오는 소리, 'ㅎ'에 가깝다.	

성모	발음 방법	발음 부위
j	혓바닥을 입천장에 댔다가 살짝 떼면서 그 틈으로 기류가 마찰하며 나오는 소리, 'ㅈ'에 가깝다.	설면음(舌面音): 혓바닥 소리 (i)
q	j와 같은 발음 동작에 보다 강한 기류로 내는 소리, 'ㅊ'에 가깝다.	
x	혓바닥을 입천장에 근접시켜 그 틈으로 기류가 마찰하며 나오는 소리, 'ㅅ'에 가깝다.	
z	혀끝을 윗니 혹은 아랫니 뒤쪽에 붙였다 떼면서 그 틈으로 기류가 마찰하여 나오는 소리, 'ㅉ'에 가깝다.	설치음(舌齿音): 혀끝 잇소리 (-i /으/)
c	z와 같은 발음 동작에 보다 강한 기류로 내는 소리, 'ㅊ'에 가깝다.	
s	혀끝을 윗니 혹은 아랫니 뒤쪽에 근접시켜 그 틈으로 기류가 마찰하며 나오는 소리, 'ㅆ'에 가깝다.	
zh	혀끝을 입천장(경구개)에 댔다가 떼면서 그 틈으로 기류가 마찰하며 나오는 소리	권설음(卷舌音): 혀끝 말아 올린 소리 (-i /으/)
ch	zh와 같은 발음 동작에 보다 강한 기류로 내는 소리	
sh	혀끝을 입천장(경구개)에 근접시켜 그 틈으로 기류가 마찰하며 나오는 소리	
r	sh와 같은 발음 동작에 성대를 진동시켜 내는 소리, 영어의 'r' 발음에 가깝다.	

'i'는 'z, c, s, zh, ch, sh, r'와 결합하면 '/으/'로 발음되는데, 이를 '/이/' 발음과 구별하기 위해 '-i'로 표기해요.

4. 성모와 단운모의 결합

	a	o	e	i	-i	u	ü
	a	o	e	yi		wu	yu
b	ba	bo		bi		bu	
p	pa	po		pi		pu	
m	ma	mo	me	mi		mu	
f	fa	fo				fu	
d	da		de	di		du	
t	ta		te	ti		tu	
n	na		ne	ni		nu	nü
l	la		le	li		lu	lü
g	ga		ge			gu	
k	ka		ke			ku	
h	ha		he			hu	
j				ji			ju
q				qi			qu
x				xi			xu
z	za		ze		zi	zu	
c	ca		ce		ci	cu	
s	sa		se		si	su	
zh	zha		zhe		zhi	zhu	
ch	cha		che		chi	chu	
sh	sha		she		shi	shu	
r			re		ri	ru	

i, u, ü가 성모 없이 단독으로 쓰일 때 yi, wu, yu로 표기해요.

j, q, x가 ü와 결합할 때 ju, qu, xu로 표기해요.

z, c, s, zh, ch, sh, r가 i와 결합하면 '/으/'로 발음돼요.

주의하세요!

1) i, u, ü가 성모 없이 단독으로 쓰일 때 yi, wu, yu로 표기한다.
2) j, q, x가 ü와 결합할 때 ü 위의 두 점을 생략하고 ju, qu, xu로 표기한다.
3) z, c, s, zh, ch, sh, r가 i와 결합하면 '/으/'로 발음된다.

5. 성조(声调 shēngdiào)

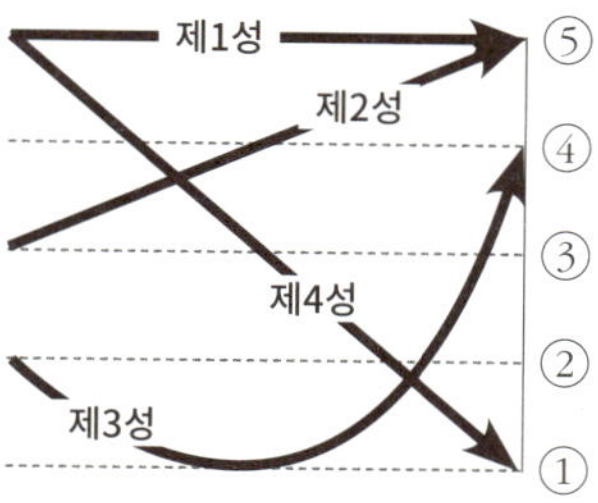

제1성	제2성	제3성	제4성

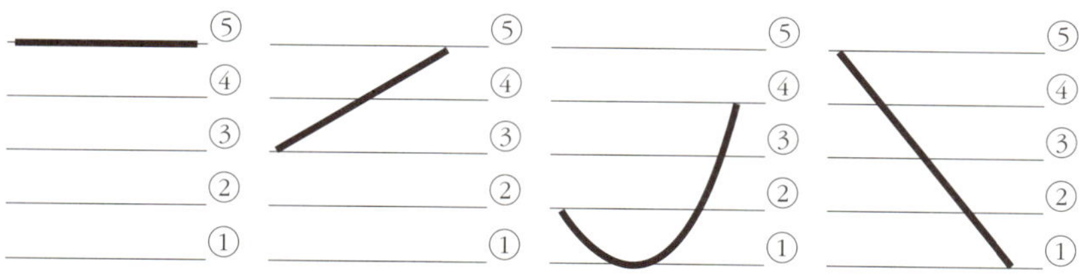

제1성	제2성	제3성	제4성
⑤ - ⑤: ˉ	③ - ⑤: ˊ	②-①-④: ˇ	⑤ - ①: ˋ
ā	á	ǎ	à
mā	má	mǎ	mà
(妈)	(麻)	(马)	(骂)

표준 중국어에는 4개의 성조가 있다. 중국어는 성조가 다르면 그 뜻도 달라진다. 단운모는 운모 위에 성조를 표시한다. i 위에 성조를 표기할 때는 i 위의 점을 없앤다.

6. 성조 연습

제1성	제2성	제3성	제4성
ā	á	ǎ	à
ō	ó	ǒ	ò
ē	é	ě	è
ī	í	ǐ	ì
ū	ú	ǔ	ù
ǖ	ǘ	ǚ	ǜ

练习

1. 성모, 운모, 성조에 유의하여 다음 발음을 읽어 보세요.

bā – pā	mō – fō	hē – gē	kū – cū
dú – tú	cá – chá	jí – qí	zhí – chí
nǐ – lǐ	pǒ – fǒ	nǚ – lǚ	wǔ – yǔ
lè – rè	dè – tè	shì – sì	jù – xù
túdì–núlì	xìqǔ–xīqǔ	zìjǐ–cíqì	chūrù - shūrù

2. 녹음을 듣고 빈칸에 운모를 넣으세요.

d__	m__	j__	k__	t __
z__	ch__	f__	q__	b__
c__	zh__	x__	h__	n__

3. 녹음을 듣고 빈칸에 성모를 넣으세요.

__ō　　__ǎ　　__ú　　__ǚ　　__ù

__è__ì　　__ù__ǔ　　__ù__è　　__ù__è　　__ú__ū

__ú__ì　　__ú__ù　　__ì__ē　　__ī__í　　__ì__ǐ

4. 녹음을 듣고 빈칸에 운모와 성조를 표기하세요.

p__　　f__　　m__　　d__　　l__

ch__　　d__t__　　d__g__　　q__ch__　　d__y__

g__c__　　p__f__　　j__zh__　　l__s__　　j__x__

第二课

Dì-èr kè

2

发音(二)

Fāyīn

学习目标

1 복운모와 비운모를 발음할 수 있다.

2 한어병음 표기법을 이해한다.

1. 복운모(复韵母 fùyùnmǔ)

두 개 이상의 모음으로 이루어진 운모를 복운모라 한다. 앞의 음에서 뒤의 음으로 미끄러지듯 이어서 발음하는 것에 유의한다.

ai	'a'를 발음한 뒤 'i'를 짧고 가볍게 발음한다. 'i'는 단독으로 발음할 때보다 입이 덜 닫힌다.
ei	'e'는 'i'와 결합하면 '에'로 발음된다. '에이'처럼 발음하고, 이때 'i'는 짧고 가볍게 발음한다.
ao	'a'를 발음한 뒤 'o'를 짧고 가볍게 발음한다.
ou	'o'를 발음한 뒤 'u'를 짧고 가볍게 발음한다. '어우'에 가깝다.
ia	'i'를 발음한 뒤 'a'를 발음한다. '이아'에 가깝다.
ie	'e'는 'i'와 결합하면 '에'로 발음된다. '이에'처럼 발음한다.
ua	'u'를 발음한 뒤 'a'를 발음한다. '우와'에 가깝다.
uo	'u'를 발음한 뒤 'o'를 발음한다. '우어'에 가깝다.

üe	'ü'를 발음한 뒤 '에'를 발음한다. '위에'에 가깝다.
iao	'i'를 발음한 뒤 'ao'를 발음한다. '이아오'에 가깝다.
iou(-iu)	'i'를 발음한 뒤 'ou'를 발음한다. 성모와 결합 시 iu로 표기한다.
uai	'u'를 발음한 뒤 'ai'를 발음한다. '우와이'에 가깝다.
uei(-ui)	'u'를 발음한 뒤 'ei'를 발음한다. '우웨이'에 가깝다. 성모와 결합 시 ui로 표기한다.

2. 비운모(鼻韵母 bíyùnmǔ)

모음에 n, ng가 첨가된 운모를 비운모라 한다.

an	입을 크게 벌려 '안'처럼 발음한다.
en	입을 조금 벌려 '언'처럼 발음한다.
in	'인'처럼 발음한다.
ün	'윈'처럼 발음하되, 처음 입 모양을 유지하여 입술이 펴지지 않도록 유의한다.
uan	'u'를 발음한 뒤 'an'을 발음한다. '우완'에 가깝다.
uen(-un)	'u'를 발음한 뒤 'en'을 발음한다. '우원(운)'에 가깝다. 성모와 결합 시 un으로 표기한다.

ian	'이앤'처럼 발음한다. 이때 'an'은 '앤'처럼 발음하는 것에 유의한다.
üan	'위앤'처럼 발음한다. 이때 'an'은 '앤'처럼 발음하는 것에 유의한다.
ang	입을 크게 벌려 '앙'처럼 발음한다.
eng	입을 조금 벌려 '엉'처럼 발음한다.
ong	'옹'/'웅'처럼 발음한다. '옹'과 '웅'의 중간음으로 들린다.
ing	'잉'처럼 발음한다.
iang	'i'를 발음한 뒤 'ang'을 발음한다. '이앙'에 가깝다.
iong	'i'를 발음한 뒤 'ong'을 발음한다. '이옹'에 가깝다.
uang	'u'를 발음한 뒤 'ang'을 발음한다. '우왕'에 가깝다.
ueng	'u'를 발음한 뒤 'eng'을 발음한다. '우웡'에 가깝다.

3. 성모와 복운모의 결합

	ai	ei	ao	ou	ia	ie	ua	uo	üe	iao	iou (-iu)	uai	uei (-ui)
	ai	ei	ao	ou	ya	ye	wa	wo	yue	yao	you	wai	wei
b	bai	bei	bao			bie				biao			
p	pai	pei	pao	pou		pie				piao			
m	mai	mei	mao	mou		mie				miao	miu		
f		fei		fou									
d	dai	dei	dao	dou		die		duo		diao	diu		dui
t	tai		tao	tou		tie		tuo		tiao			tui
n	nai	nei	nao	nou		nie		nuo	nüe	niao	niu		
l	lai	lei	lao	lou	lia	lie		luo	lüe	liao	liu		
g	gai	gei	gao	gou			gua	guo				guai	gui
k	kai	kei	kao	kou			kua	kuo				kuai	kui
h	hai	hei	hao	hou			hua	huo				huai	hui
j					jia	jie			jue	jiao	jiu		
q					qia	qie			que	qiao	qiu		
x					xia	xie			xue	xiao	xiu		
z	zai	zei	zao	zou				zuo					zui
c	cai		cao	cou				cuo					cui
s	sai		sao	sou				suo					sui
zh	zhai	zhei	zhao	zhou			zhua	zhuo				zhuai	zhui
ch	chai		chao	chou			chua	chuo				chuai	chui
sh	shai	shei	shao	shou			shua	shuo				shuai	shui
r			rao	rou			rua	ruo					rui

성모 없이 단독으로 출현할 때의 표기법

ü가 j, q, x와 결합할 때 u로 표기해요.

4. 성모와 비운모의 결합

	an	en	in	ün	uan	uen (-un)	ian	üan
	an	en	yin	yun	wan	wen	yan	yuan
b	ban	ben	bin				bian	
p	pan	pen	pin				pian	
m	man	men	min				mian	
f	fan	fen						
d	dan				duan	dun	dian	
t	tan				tuan	tun	tian	
n	nan	nen	nin		nuan		nian	
l	lan		lin		luan	lun	lian	
g	gan	gen			guan	gun		
k	kan	ken			kuan	kun		
h	han	hen			huan	hun		
j			jin	jun			jian	juan
q			qin	qun			qian	quan
x			xin	xun			xian	xuan
z	zan	zen			zuan	zun		
c	can	cen			cuan	cun		
s	san	sen			suan	sun		
zh	zhan	zhen			zhuan	zhun		
ch	chan	chen			chuan	chun		
sh	shan	shen			shuan	shun		
r	ran	ren			ruan	run		

성모 없이 단독으로 출현할 때의 표기법

ü가 j, q, x와 결합할 때 u로 표기해요.

ang	eng	ong	ing	iang	iong	uang	ueng	
ang	eng	ong	ying	yang	yong	wang	weng	
bang	beng		bing					b
pang	peng		ping					p
mang	meng		ming					m
fang	feng							f
dang	deng	dong	ding					d
tang	teng	tong	ting					t
nang	neng	nong	ning	niang				n
lang	leng	long	ling	liang				l
gang	geng	gong				guang		g
kang	keng	kong				kuang		k
hang	heng	hong				huang		h
			jing	jiang	jiong			j
			qing	qiang	qiong			q
			xing	xiang	xiong			x
zang	zeng	zong						z
cang	ceng	cong						c
sang	seng	song						s
zhang	zheng	zhong				zhuang		zh
chang	cheng	chong				chuang		ch
shang	sheng					shuang		sh
rang	reng	rong						r

5. 한어병음 표기

1) i 앞에 성모가 오지 않을 때의 표기법

- i, in, ing은 앞에 y를 붙여서 yi, yin, ying으로 표기한다.
- 나머지 i로 시작하는 음절은 i를 y로 바꾸어 표기한다.

	ia	ie	iao	iou	ian	iang	iong
→	ya	ye	yao	you	yan	yang	yong

2) u 앞에 성모가 오지 않을 때의 표기법

- u가 단독으로 음절을 이루는 경우, u 앞에 w를 붙여 wu로 표기한다.
- u로 시작하는 음절은 u를 w로 바꾸어 표기한다.

	ua	uo	uai	uei	uan	uen	uang	ueng
→	wa	wo	wai	wei	wan	wen	wang	weng

3) ü의 표기법

- ü가 단독으로 음절을 구성하거나 ü로 시작하는 음절인 경우, ü는 yu로 표기한다.

	ü	üe	ün	üan
→	yu	yue	yun	yuan

- ü가 j, q, x와 결합하는 경우, ü 위의 두 점을 생략한다.

j, q, x + üe → jue que xue
j, q, x + ün → jun qun xun
j, q, x + üan → juan quan xuan

4) iou, uei, uen이 성모와 결합할 경우, 가운데 모음을 생략하고 각각 iu, ui, un으로 표기한다.

• 성모 + iou → diu niu liu jiu qiu xiu
• 성모 + uei → dui tui gui hui zui sui shui
• 성모 + uen → dun tun lun gun kun hun sun zhun chun

6. 성조 표시

성조는 모음 위에 표시한다. 모음이 연달아 나오는 경우, 입을 가장 크게 벌리는 모음(주요모음) 위에 성조를 표시한다. 따라서 a > o·e > i·u·ü의 순서로 모음 위에 표시한다.

bāo	mǎi	péi	dōu	guò
liè	jiāo	diàn	chuāng	xióng

i와 u가 연달아 나오는 경우에는 i와 u 중 뒤에 있는 모음 위에 성조를 표시한다.

duì	niú	zuǐ	liù	tuī

7. 고유명사의 한어병음 표기

고유명사를 한어병음으로 표기하는 경우, 첫 번째 알파벳은 대문자로 표기한다.

Zhōngguó	Hánguó	Běijīng
(中国)	(韩国)	(北京)

사람 이름의 경우, 성의 첫 알파벳과 이름의 첫 알파벳을 대문자로 표기한다.

Wáng Míng
(王明)

Lǐ Zhèngmín
(李正民)

Jīn Huìlín
(金惠琳)

8. 격음 부호

'a, o, e'로 시작하는 음절이 앞 음절 뒤에 출현할 때는 격음 부호 [']를 사용하여 음절 간의 경계를 표시해 준다.

fāng'àn
(方案)

pèi'ǒu
(配偶)

nán'ér
(男儿)

Tiān'ānmén
(天安门)

练习

1. 성모, 운모, 성조에 유의하여 다음 발음을 읽어 보세요.

1) lái　gēn　wǒ
zǒu　piào　yǒu
sūn　chuān　qún
jiǔ　gèng　wán
jiàng　tiān　yě
xún　zhuàng　juǎn

2) báicài　fàngjià　Táiwān
wèntí　jiāyóu　chūntiān
zàijiàn　liúxíng　tàiyáng
Xī'ān　wàiguórén　qīn'ài
pínqióng　diànyǐng

2. 녹음을 듣고 해당 음절의 성조를 표시하세요.

kai	pao	bei	dou
hui	niu	jiao	kuan
ye	wei	xiong	shucai

niunai zuotian tongxue dianhua

zhuanye

3. 녹음을 듣고 빈칸에 들어갈 운모와 성조를 채워 넣으세요.

p______q______ g______x______ f______ch______

n______j______ x______z______ m______t______

Zh______g______ n______r______ sh______c______

z______y______ x______x______

4. 녹음을 듣고 해당 발음을 한어병음으로 표기하세요.

1) ______ 2) ______ 3) ______

4) ______ 5) ______ 6) ______

7) ______ 8) ______ 9) ______

10) ______ 11) ______ 12) ______

문화

■ 중국, 어떤 나라일까?

이웃 나라 중국의 언어를 공부하기에 앞서, 중국이라는 나라에 대한 몇 가지 상식을 간략하게나마 파악해 보자.

1) 중국의 정식 명칭은 중화인민공화국(中华人民共和国)으로, 1949년 건국되었다. 국기는 오성홍기(五星红旗)이며, 국가는 의용군행진곡(义勇军进行曲)이다.
2) 중국의 영토는 9,640,821 km²으로 세계 4위의 규모이며, 행정구역은 크게 23개의 성급(省级) 행정구(타이완을 23번째 성으로 간주), 5개의 자치구, 4개의 직할시, 2개의 특별행정구로 구성되어 있다.
3) 중국은 중심이 되는 한족(汉族) 이외에도 법으로 정한 55개 법정 민족이 '소수민족'으로 존재한다. 한족이 전체 인구의 약 91.6%, 소수민족이 약 8.4%가량을 차지한다.
4) 중국의 인구는 2022년 말 통계 기준 14.12억 명으로 인도에 이어 세계 2위 규모를 기록하고 있다.
5) 2022년 기준 중국의 GDP는 미국에 이어 세계 2위로 약 121조 RMB, 한화 약 2경 2,243조 원에 달한다.

第三课
Dì-sān kè

3

发音(三)
Fāyīn

学习目标

1 제3성의 변화 규칙을 이해한다.

2 경성을 발음할 수 있다.

1. 제3성의 변화

제3성이 다른 음절 앞에 출현하는 경우, 다음 규칙에 따라 읽는다.

1) 제3성 + 제1, 2, 4성 및 경성
제3성의 음절이 제1, 2, 4성 및 경성 음절 앞에 쓰이면 원래 제3성의 앞부분, 즉 내려가는 부분만 발음하는데 이를 '반3성'이라 한다.

• 제3성 + 제1성 → 반3성 + 제1성

lǎoshī　　Běijīng
hǎochī　　měitiān

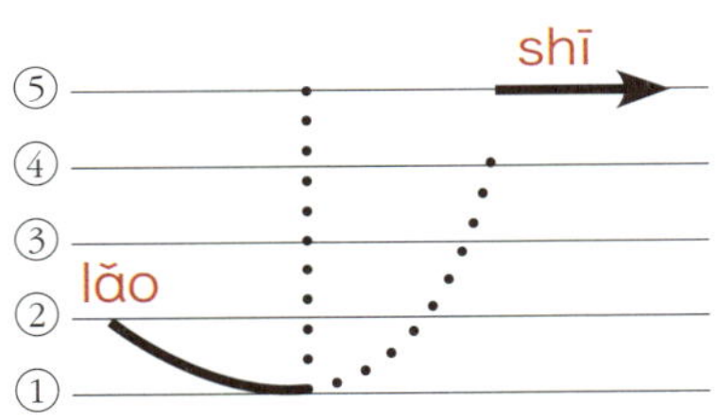

• 제3성 + 제2성 → 반3성 + 제2성

cǎoméi　　shuǐpíng
yǔyán　　wǒ péngyou

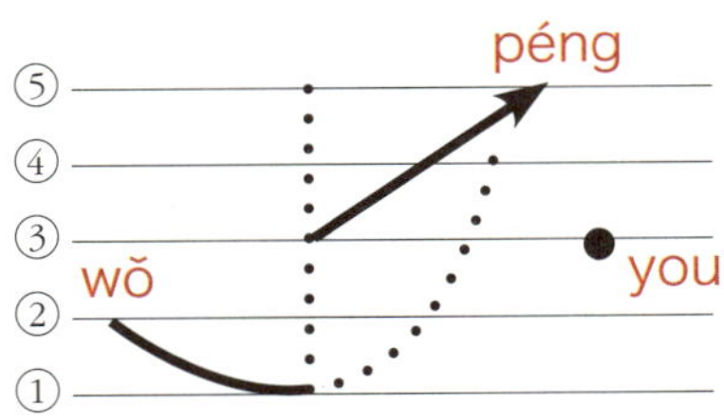

• 제3성 + 제4성 → 반3성 + 제4성

zǎofàn　　kǎoshì
gǎnxiè　　wǒ bàba

- 제3성 + 경성 → 반3성 + 경성

nǐmen　　　wǒmen
yǐzi　　　ěrduo

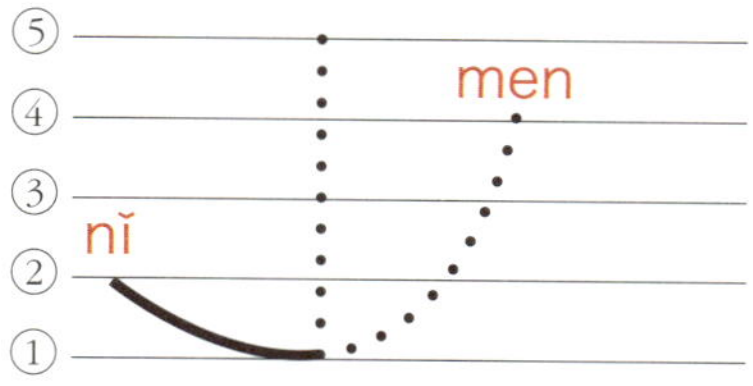

2) 제3성 + 제3성
두 개의 제3성 음절을 이어서 읽을 때, 앞의 음절은 제2성으로 읽는다.

제3성 + 제3성 → 제2성 + 제3성
Nǐ hǎo → Ní hǎo

세 개 이상의 제3성이 중첩되는 단어는 '제2성 + 제3성'을 원칙으로 하되 단어의 조합에 따라 '제2성 + 제2성 + 제3성' 혹은 '반3성 + 제2성 + 제3성'으로 발음할 수 있다.

zhǎnlǎnguǎn (展览馆) → zhánlán / guǎn (제2성+제2성+제3성)
xiǎo lǎoshǔ (小老鼠) → xiǎo / láoshǔ (반3성+제2성+제3성)

2. 제3성의 변화 연습

dǎkāi　lǎojiā　shǒudū　yǔyīn　diǎnxīn
hǎorén　dǎoyóu　jǐngchá　lǚxíng　diǎnmíng
hěn hǎo　shuǐguǒ　Fǎyǔ　suǒyǐ　lǐxiǎng
lǐwù　bǐsài　tǎoyàn　wǎnfàn　hǎoxiàng

3. 경성(轻声 qīngshēng)

중국어에는 제1성, 제2성, 제3성, 제4성 이외에 경성이 있다. 경성은 본래의 성조를 잃고 가볍고 짧게 발음되는 것이다. 경성은 다른 음절 뒤에 오며, '·'으로 표기하거나, 성조 표기를 생략한다.

māma (mā·ma)
(妈妈)

yéye (yé·ye)
(爷爷)

jiějie (jiě·jie)
(姐姐)

bàba (bà·ba)
(爸爸)

똑같은 한자로 된 단어라도 본래의 성조대로 읽느냐, 경성으로 읽느냐에 따라서 그 뜻이 바뀌는 경우도 있다.

东西	dōngxī	동서(방위)	告诉	gàosù	고소하다
	dōngxi	물건		gàosu	알리다

경성의 높낮이는 앞 음절의 성조에 따라 달라진다. 아래는 제1성, 제2성, 제3성, 제4성 뒤에 출현하는 경성의 실제 높낮이를 표시한 것이다.

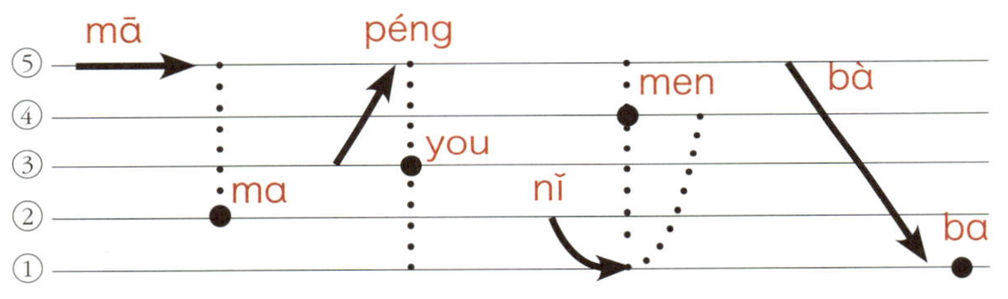

제1성 + 경성	제2성 + 경성	제3성 + 경성	제4성 + 경성
māma	péngyou	nǐmen	bàba

4. 경성 연습

gēge	bēizi	xiūxi	shūfu	shāngliang
péngyou	máfan	biéde	zánmen	xuésheng
nǎinai	běnzi	zěnme	xǐhuan	wǎnshang
mèimei	xièxie	kèqi	wàzi	piàoliang

练习

1. 성조에 유의하여 다음 단어를 읽어 보세요.

lǎoshī	měitiān	shuǐpíng	hǎojiǔ
kuǎnshì	xiānsheng	mántou	hǎo de
yuèliang	míngbai	chǎnpǐn	zǎoshang
tòngkuai	dǎrǎo	liángkuai	

2. 다음 음절의 발음을 잘 듣고 성조를 표기하세요.

wangba	gebo	caomei	shenme
gaosu	haokan	shihou	falü
zhangfu	jiaozi	wangqiu	kele
haochi	erduo	dazhe	

3. 경성과 제3성에 주의하여 다음 문장을 읽어 보세요.

Nǐ hǎo!
(你好!)

Hěn hǎo!
(很好!)

Dàjiā hǎo!
(大家好!)

Lǎoshī hǎo!
(老师好!)

Zǎoshang hǎo!
(早上好!)

Wǎnshang hǎo!
(晚上好!)

Duìbuqǐ!
(对不起!)

Méi guānxi.
(没关系。)

Xièxie lǎoshī, zàijiàn!
(谢谢老师, 再见!)

Wǒ shuō Hànyǔ.
(我说汉语。)

Wǒ xiě hànzì.
(我写汉字。)

Wǒ hěn máng.
(我很忙。)

Nǐ máng ma?
(你忙吗?)

Nǐ yě lái ma?
(你也来吗?)

Nǐ yě xǐhuan ma?
(你也喜欢吗?)

■ 중국어 숫자 읽기

1	2	3	4	5
yī	èr	sān	sì	wǔ
(一)	(二)	(三)	(四)	(五)

6	7	8	9	10
liù	qī	bā	jiǔ	shí
(六)	(七)	(八)	(九)	(十)

11	12		19	20
shíyī	shí'èr	…	shíjiǔ	èrshí
(十一)	(十二)		(十九)	(二十)
21	22		99	
èrshíyī	èrshí'èr	…	jiǔshíjiǔ	…
(二十一)	(二十二)		(九十九)	

第四课 4

Dì-sì kè

你好!

Nǐ hǎo!

学习目标

1 만날 때와 헤어질 때 인사를 할 수 있다.

2 감사와 사과의 표현을 할 수 있다.

3 '一'와 '不'의 성조 변화를 이해한다.

4 인칭대사를 활용할 수 있다.

重点句型

1 你好!

Nǐ hǎo!

2 我很好, 你呢?

Wǒ hěn hǎo, nǐ ne?

3 谢谢!

Xièxie!

生词(一)

第	dì	접두 제
四	sì	수 4
课	kè	명 과, 과목, 수업
学习	xuéxí	동 학습하다
目标	mùbiāo	명 목표
重点	zhòngdiǎn	명 중점
句型	jùxíng	명 문형
生词	shēngcí	명 새 단어
一	yī	수 1
会话	huìhuà	동 대화하다
二	èr	수 2
语法	yǔfǎ	명 어법
你	nǐ	대 당신, 너
好	hǎo	형 좋다
吗	ma	조 …입니까? [문장 끝에 쓰여 의문을 나타냄]
我	wǒ	대 나, 저
很	hěn	부 매우, 아주
呢	ne	조 …은/는요? [명사성 성분 뒤에 쓰여 의문을 나타냄]
也	yě	부 …도
老师	lǎoshī	명 선생님
学生	xué·shēng	명 학생
同学	tóngxué	명 학우
们	men	접미 …들 [사람을 나타내는 명사성 성분 뒤에 쓰여 복수를 표시함]
明天	míngtiān	명 내일
见	jiàn	동 만나다, 보다
再	zài	부 또, 다시
再见	zàijiàn	또 뵙겠습니다 안녕히 계세요(가세요) [헤어질 때 하는 상용어]
李正民	Lǐ Zhèngmín	고유 이정민(인명)
金惠琳	Jīn Huìlín	고유 김혜림(인명)
王明	Wáng Míng	고유 왕밍(인명)
陈红	Chén Hóng	고유 천훙(인명)

会话(一)

李正民 你好!
Nǐ hǎo!

金惠琳 你好!
Nǐ hǎo!

王明 你好吗?
Nǐ hǎo ma?

陈红 我很好, 你呢?
Wǒ hěn hǎo, nǐ ne?

王明 我也很好。
Wǒ yě hěn hǎo.

老师 同学们, 明天见!
Tóngxuémen, míngtiān jiàn!

学生 老师, 再见!
Lǎoshī, zàijiàn!

生词(二)

谢谢 xièxie	동 고맙습니다 [감사를 표하는 상용어]
不 bù	부 … 아니다 [부정을 표시함]
不客气 bù kèqi	괜찮습니다 천만에요 [감사에 대한 대답으로 사용하는 상용어]
对不起 duìbuqǐ	동 미안합니다 [사과를 표하는 상용어]
没关系 méi guānxi	괜찮습니다 [사과에 대한 대답으로 사용하는 상용어]

会话(二)

李正民 谢谢！
Xièxie!

金惠琳 不客气！
Bú kèqi!

王明 对不起。
Duìbuqǐ.

陈红 没关系。
Méi guānxi.

重点语法

1. '一', '不' 읽는 방법

1) '一', '不'가 단독으로 쓰일 때는 본래의 성조대로 읽는다.

2) '一', '不' 뒤에 제4성이나 경성이 올 때는 모두 제2성으로 발음한다.

一定 yīdìng **[yídìng]**　　不会 bù huì **[bú huì]**　　一个 yī ge **[yí ge]**

3) '一' 뒤에 제1·2·3성이 올 때는 제4성으로 발음한다.

一天 yī tiān **[yì tiān]**　　一时 yīshí **[yìshí]**　　一口 yī kǒu **[yì kǒu]**

4) '一', '不'가 중첩된 단음절 단어 사이에 쓰일 때는 일반적으로 경성으로 읽는다.

看一看 kàn yī kàn **[kàn yi kàn]**　　好不好 hǎo bù hǎo **[hǎo bu hǎo]**

5) '一'가 서수일 때와 문장 맨 뒤에 위치할 때는 원래 성조인 [yī]로 읽는다.

第一课 dì-yī kè **[dì-yī kè]**　　一年级 yī niánjí **[yī niánjí]**

2. 你好!

'你好!'는 일상적인 인사말이며 대답은 '你好!'로 한다. '你好吗?'는 서로 잘 알고 있는 사람들 간 구체적인 안부를 물을 때 사용한다. 이에 대해 대답할 때는 '我很好'와 같이 현재 상황을 전달하면 된다. 헤어질 때는 '再见!'을 사용하여 인사한다. 인사말에 시간을 나타내는 단어를 넣어 '早上好!', '明天见!'이라고 할 수도 있다.

早上 zǎoshang 명 아침

3. 谢谢!

'谢谢!'는 감사의 표현으로 '谢谢' 뒤에 감사의 대상을 붙여 '谢谢老师'와 같이 말할 수 있으며, 대답으로는 '不客气!'라고 말할 수 있다. 사과의 표현으로는 '对不起'가 있으며, 가벼운 실수나 잘못에 대한 사과 표현으로 '不好意思'가 일상생활에서 흔히 사용된다. 대답은 '没关系' 또는 '没事儿'이라고 말할 수 있다.

不好意思 bù hǎoyìsi 미안합니다 [사과를 표하는 상용어]

没事(儿) méi//shì(r) 괜찮습니다 [사과에 대한 대답으로 사용하는 상용어]

4. 我也很好。

'我'는 1인칭 대사로 말하는 사람이 자신을 지칭할 때 쓰며, '你'는 2인칭 대사로 말하는 사람이 듣는 사람을 지칭할 때 쓴다. 3인칭 대사에는 '他', '她' 및 '它'가 있고, 각각 남자, 여자, 사람 외의 사물이나 동물을 가리킨다.

복수를 나타낼 때는 인칭대사 뒤에 '们'을 사용하는데, 1인칭 복수의 경우 '我们'외에 '咱们'이 사용된다. '咱们'은 말하는 사람과 듣는 사람을 포함하는 '우리(포함식)'를 나타내지만 '我们'은 듣는 사람을 배제하는 경우(배제식)와 듣는 사람을 포함하는(포함식) 의미를 모두 나타낼 수 있다.

한편, 2인칭 대사 '你'의 존칭 '您'은 단수로는 사용되지만 복수 '您们'으로는 사용되지 않으므로 주의가 필요하다.

您 nín 대 당신 [你의 존칭]
他 tā 대 그
她 tā 대 그녀
它 tā 대 그, 그것
我们 wǒmen 대 우리(들)
咱们 zánmen 대 우리(들)
你们 nǐmen 대 너희(들)

	단수	복수
1인칭	我	我们, 咱们
2인칭	你, 您	你们 *您们
3인칭	他, 她, 它	他们, 她们, 它们

他们 tāmen 대 그들
她们 tāmen 대 그녀들
它们 tāmen 대 그것들

'他们'은 남녀로 구성된 경우에도 사용돼요.

5. 我很好, 你呢?

어기조사 '呢'는 명사(구)나 대사 뒤에 붙여 장소나 상황 등을 물을 때 사용하며, '…는요?'라고 해석된다. 묻고자 하는 구체적인 내용은 앞의 대화나 상황을 통해 알 수 있으며, 묻는 사람은 청자가 특정한 환경에서 그에 대한 대답을 알고 있다고 생각한다.

A: 他们很好, 你呢?
Tāmen hěn hǎo, nǐ ne?

B: 我也很好。
Wǒ yě hěn hǎo.

练习

1. 다음 발음을 '一'와 '不'의 성조 변화에 주의해서 읽어 보세요.

yībān 一般	yīshí 一时	yī kǒu 一口	yīlǜ 一律
yī sī 一丝	yī tiáo 一条	yī tǒng 一桶	yī biàn 一遍
bù gāo 不高	bù máng 不忙	bù lěng 不冷	bù tài 不太
bù zhīdào 不知道	bù míngbai 不明白	bù xǐhuan 不喜欢	bù rènshi 不认识

2. 교체 연습

1) 你好!
↓
您
你们
老师
同学们

2) 你好吗?
↓
他
他们
她
她们

3. 다음 단어를 이용하여 문장을 만들어 보세요.

1) 您 / 好 / 老师

____

2) 也 / 他 / 好 / 很

____

3) 我 / 好 / 很 / 呢 / 你

____

4) 们 / 同学 / 见 / 明天

____

4. 다음 대화를 완성해 보세요.

1) A: ______________, 您好!

B: 正民, ______________!

2) A: 他们 ______________?

B: 他们很好, ______________?

A: 我 ______________。

5. 연습해 보세요.

1) 그림을 보고 시간대별 다양한 인사 표현을 말해 보세요.

A: 早上 好!

上午　　下午　　晚上

2) 헤어질 때 사용할 수 있는 다양한 인사 표현을 말해 보세요.

A: 再见!

B: 明天见!

上午 shàngwǔ 명 오전

下午 xiàwǔ 명 오후

晚上 wǎnshang 명 저녁, 밤

中午 zhōngwǔ 명 점심, 정오

后天 hòutiān 명 모레

一会儿 yíhuìr 수량 곧, 잠깐 사이

'얼화(儿化)'란?

어떤 음절이 권설운모 '儿'과 결합하는 현상을 말해요. 한자 표기로는 '儿'을 붙이지만, 한어병음으로는 음절 끝에 'r'을 추가하죠. 베이징을 중심으로 한 북방 지역에서 많이 사용합니다. 작은 것을 나타내거나(小孩儿 어린아이) 단어의 품사 변화(盖儿 덮다 → 뚜껑), 사물의 추상화(门儿 방법) 등의 기능을 해요.

第五课 5
Dì-wǔ kè

你叫什么名字？

Nǐ jiào shénme míngzi?

学习目标

1 이름과 국적을 묻고 답할 수 있다.

2 학년과 전공을 소개할 수 있다.

3 나이를 묻고 답할 수 있다.

4 판정의문문과 의문대사의문문을 사용할 수 있다.

重点句型

1 你是中国人吗?
Nǐ shì Zhōngguó rén ma?

2 你叫什么名字?
Nǐ jiào shénme míngzi?

3 我是经济系一年级的。
Wǒ shì jīngjì xì yī niánjí de.

4 你今年多大了?
Nǐ jīnnián duō dà le?

生词(一)

是 shì	동 …이다	几 jǐ	조 몇
人 rén	명 사람	年级 niánjí	명 학년
叫 jiào	동 …라고 부르다	经济 jīngjì	명 경제
什么 shénme	대 무엇	专业 zhuānyè	명 전공
名字 míngzi	명 이름	英文 Yīngwén	명 영어, 영문
哪 nǎ	대 어느	经营 jīngyíng	동 경영하다
个 gè	양 개 [보편적으로 쓰는 양사]	中国 Zhōngguó	고유 중국
系 xì	명 학과	韩国 Hánguó	고유 한국
的 de	대 …의 [관형어를 표시함]		

양사 '个'는 보통 경성으로 많이 읽어요.

会话(一)

陈红 你好，同学！你是中国人吗？
Nǐ hǎo, tóngxué! Nǐ shì Zhōngguó rén ma?

李正民 我不是中国人，是韩国人。
Wǒ bú shì Zhōngguó rén, shì Hánguó rén.

陈红 你叫什么名字？
Nǐ jiào shénme míngzi?

李正民 我叫李正民，你呢？
Wǒ jiào Lǐ Zhèngmín, nǐ ne?

陈红 我叫陈红，是中国人。
Wǒ jiào Chén Hóng, shì Zhōngguó rén.
你是哪个系的学生？几年级？
Nǐ shì nǎ ge xì de xuéshēng? Jǐ niánjí?

李正民 我是经济系一年级的。你的专业是什么？
Wǒ shì jīngjì xì yī niánjí de. Nǐ de zhuānyè shì shénme?

陈红 第一专业是英文，第二专业是经营。
Dì-yī zhuānyè shì Yīngwén, dì-èr zhuānyè shì jīngyíng.

生词(二)

贵姓 guìxìng	명 (상대방의) 성, 성씨 [경어]	岁 suì	명 살, 세
姓 xìng	동 성이…이다	谁 shéi	대 누구
新生 xīnshēng	명 신입생	朋友 péngyou	명 친구
今年 jīnnián	명 금년, 올해	在 zài	개 …에서
多 duō	대 얼마	张 Zhāng	고유 장(성씨)
大 dà	형 크다, 많다	韩国语中心 Hánguóyǔ Zhōngxīn	고유 한국어센터
了 le	조 [문장의 끝에 쓰여 새로운 상황의 출현이나 사태의 변화를 나타냄]	韩语 Hányǔ	고유 한국어

会话(二)

金惠琳 老师，您贵姓？

Lǎoshī, nín guìxìng?

张老师 我姓张。

Wǒ xìng Zhāng.

金惠琳 张老师，您好！

Zhāng lǎoshī, nín hǎo!

我叫金惠琳。

Wǒ jiào Jīn Huìlín.

张老师 你是新生吗?
Nǐ shì xīnshēng ma?

金惠琳 是, 我是新生。
Shì, wǒ shì xīnshēng.

张老师 你今年多大了?
Nǐ jīnnián duō dà le?

金惠琳 我今年二十岁了。
Wǒ jīnnián èrshí suì le.

张老师 他是谁?
Tā shì shéi?

金惠琳 他是我的中国朋友。
Tā shì wǒ de Zhōngguó péngyou.

张老师 他也是我们系的学生吗?
Tā yě shì wǒmen xì de xuésheng ma?

金惠琳 不是, 他在韩国语中心学习韩语。
Bú shì, tā zài Hánguóyǔ Zhōngxīn xuéxí Hányǔ.

重点语法

1. 我是新生。

'是'는 '…이다'라는 뜻으로 그 부정형은 '不是'이다.

他是老师。
Tā shì lǎoshī.

我是新生。
Wǒ shì xīnshēng.

她不是学生。
Tā bú shì xuéshēng.

我不是中国人。
Wǒ bú shì Zhōngguó rén.

2. 어기조사 '吗'를 이용한 의문문 你是中国人吗? [판정의문문]

평서문의 끝에 어기조사 '吗'를 붙이면 의문을 나타내는 의문문이 된다. 이에 대한 대답으로는 '是' 또는 '不是'를 사용하며, 주어와 목적어를 생략하고 단독으로 대답할 수 있다.

A: 你是韩国人吗?
Nǐ shì Hánguó rén ma?

B: 是。我是韩国人。
Shì. Wǒ shì Hánguó rén.

A: 她是学生吗?
Tā shì xuéshēng ma?

B: 不是。她不是学生。
Bú shì. Tā bú shì xuéshēng.

3. 你叫什么名字?

'你叫什么名字?'는 상대방의 이름을 묻는 표현으로, 일반적으로 연장자나 화자보다 지위가 높은 사람에게는 '您贵姓?'으로 격식을 갖추어 묻는다. 你(他/她)姓什么?'는 상대방이나 제3자의 성을 격식 없이 물을 때 사용한다.

A: 您贵姓?
Nín guìxìng?

B: 我姓金。(또는 我姓金, 叫金惠琳。)
Wǒ xìng Jīn. (Wǒ xìng Jīn, jiào Jīn Huìlín.)

A: 他姓什么?
Tā xìng shénme?

B: 他姓李。(또는 他姓李, 叫李正民。)
Tā xìng Lǐ. (Tā xìng Lǐ, jiào Lǐ Zhèngmín.)

4. 他是我的中国朋友

'的'는 관형어와 중심어를 연결할 때 사용하는 조사로 소속이나 상태 등을 나타낸다. 관형어(我)와 수식을 받는 중심어(中国朋友) 사이에 '的'를 사용한다.

관형어	+ 的 +	중심어
↓	↓	↓
我 wǒ	的 de	书 shū
老师 lǎoshī	的 de	词典 cídiǎn

书 shū 명 책
词典 cídiǎn 명 사전

만약 대사가 수식하는 중심어가 가족, 친지나 친구 또는 소속 단체일 경우 '的'를 생략할 수 있다.

我爸爸	我朋友	我们学校
wǒ bàba	wǒ péngyou	wǒmen xuéxiào

爸爸 bàba 명 아버지
学校 xuéxiào 명 학교

'的'의 뒤에 오는 중심어가 무엇인지 전후 관계로 알 수 있는 경우, 그 중심어는 생략할 수 있다.

我是中文系一年级的(学生)。
Wǒ shì Zhōngwén xì yī niánjí de (xuéshēng).

这是你的(词典)吗?
Zhè shì nǐ de (cídiǎn) ma?

中文 Zhōngwén 명 중국어, 중문

5 你今年多大了?

동년배나 자기보다 나이가 적은 사람에게는 보통 '多大'로 나이를 묻고, 낯선 사람 또는 자기보다 나이가 많은 사람에게 격식을 갖추어서 나이를 묻는 경우에는 '多大岁数', '多大年纪'로 묻는다. 연세가 많은 어르신께는 '高寿'를 사용할 수 있으며, 열 살 이내의 어린이는 일반적으로 '几岁'로 묻는다.

A: 你几岁?
Nǐ jǐ suì?

B: 我八岁。
Wǒ bā suì.

A: 您多大年纪?
Nín duō dà niánjì?

B: 我五十岁。
Wǒ wǔshí suì.

岁数 suìshù 명 연령, 연세
年纪 niánjì 명 연령, 연세
高寿 gāoshòu 명 춘추, 연세

6. 의문대사를 이용한 의문문 他是谁? [의문대사의문문]

의문대사에는 '谁, 什么, 哪, 几, 多' 등이 있으며, 의문대사를 넣어 만든 의문문을 의문대사의문문이라 한다. 의문대사를 이용한 의문문의 끝에는 '吗'를 붙이지 않는다.

A: 她是谁?
Tā shì shéi?

B: 她是我朋友。
Tā shì wǒ péngyou.

A: 你的专业是什么?
Nǐ de zhuānyè shì shénme?

B: 我的专业是中文。
Wǒ de zhuānyè shì Zhōngwén.

A: 他是哪国人?
Tā shì nǎ guó rén?

B: 他是中国人。
Tā shì Zhōngguó rén.

练习

1. 교체 연습

1) 你 是 中国人 吗?

↓	↓
他	韩国人
她	老师
他们	新生
李正民	学生

2) 我 不是 中国人。

↓	↓
他	我的朋友
她们	经济系的学生
金惠琳	二年级的学生
陈红	韩国人

3) 我是韩国人。

↓	↓
他	美国人
她	日本人
他们	西班牙人
我们	越南人

美国 Měiguó 고유 미국
日本 Rìběn 고유 일본
西班牙 Xībānyá 고유 스페인
越南 Yuènán 고유 베트남

2. 다음 단어를 이용하여 문장을 만들어 보세요.

1) 也 / 你 / 是 / 朋友 / 的 / 吗 / 他

____

2) 学习 / 中国 / 我 / 汉语 / 在

____

3) 的 / 英文系 / 是 / 新生 / 他

____

4) 不是 / 的 / 中文 / 专业 / 经济 / 是 / 我

____

3. 의문대사를 이용하여 의문문을 만들어 보세요.

1) 그는 누구의 친구입니까?

____

2) 당신의 전공은 무엇입니까?

____

3) 당신은 어느 대학 학생입니까?

____

4) 그녀는 몇 학년입니까?

____

5) 당신은 어느 나라 사람입니까?

____

汉语 Hànyǔ 명 중국어

大学 dàxué 명 대학교

4. 녹음을 듣고 자신의 상황에 알맞게 대답해 보세요.

1) ______________________________

2) ______________________________

3) ______________________________

4) ______________________________

5. 연습해 보세요.

1) 그림을 보고 대화를 완성해 보세요.

①

老师, 40岁

②

同学, 23岁

③

爷爷, 80岁

④

小朋友, 7岁

① A: 老师, ____________
B: 我四十岁。

② A: 同学, 你多大了?
B: ____________

③ A: 爷爷, ____________
B: 我八十岁。

④ A: 小朋友, ____________
B: 我七岁。

爷爷 yéye 명 할아버지,
小朋友 xiǎopéngyou 명 어린이

2) 다음 내용을 참고하여 중국어로 간단한 자기소개를 해보세요.

A: 请介绍一下你自己。

B: 大家好! 我介绍一下我自己。
Dàjiā hǎo! Wǒ jièshào yíxià wǒ zìjǐ.

我叫OOO。
Wǒ jiào OOO.

我是高丽大学OO系O年级的学生。
Wǒ shì Gāolí Dàxué OO xì O niánjí de xuéshēng.

我今年OO岁。请多关照。谢谢!
Wǒ jīnnián OO suì. Qǐng duō guānzhào. Xièxie!

大家 dàjiā 대 여러분
介绍 jièshào 동 소개하다
一下(儿) yíxià(r) 수량 한 번, 좀
自己 zìjǐ 대 자신
高丽大学 Gāolí Dàxué 고유 고려대학교
请多关照 qǐng duō guānzhào 잘 부탁드립니다

문화

■ "我们加微信吧!" 微信 연락처 물어보기

'微信(Wechat)'은 중국에서 게임 플랫폼, 결제 수단, 쇼핑 수단, 디지털 신분증, 각종 앱(APP)의 대체 로그인 수단 등으로 사용되며 중국인의 다양한 일상생활 영역에서 가장 영향력 있는 플랫폼이 되었다. 하지만 무엇보다도 가장 기본적이면서도 주된 기능이 메신저 기능인 것은 틀림없다. 다만 微信의 기능과 영향력이 대단히 커진 지금, 서로 '加微信' 한다는 것은 전화번호와 같은 공식적인 연락처를 주고받는 것과 동일한 행위가 되었다. 그러니 상대가 전화번호를 알려주지 않고 微信만 알려주었다고 의기소침하지 말자.

주의할 것은 加微信하는 방법이 微信을 추가하는 당사자들의 지위와 입장 등에 따라 달라진다는 것이다. 일반적으로 그 상황에서 长辈인 사람이 二维码를 제시하면 晚辈가 "我扫您。" 이라고 말하며 扫码한다. 长辈는 고령자, 상사, 고객, 손님, 여성 등이 해당된다. 扫码 후에는 상대에게 自我介绍 메시지와 함께 추가 요청을 보낼 수 있는데, 여기에는 자신의 소속, 이름 등 간략한 신상 정보를 적어 상대에게 혼동이 없도록 하는 것이 예의이다.

한편, 한국의 '카카오톡'과 마찬가지로, 중국에서 微信은 업무용으로도 많이 사용되다 보니 공적인 용도의 微信과 사적인 용도의 微信을 분리하는 것도 드물지 않게 되었다.

이제 중국에서 연락처를 물어볼 때는 전화번호를 물어보기보다 이렇게 물어보자.

"我们加微信吧!"

第六课

Dì-liù kè

6

你忙不忙?

Nǐ máng bu máng?

学习目标

1 근황을 묻고 답할 수 있다.

2 정반의문문을 활용할 수 있다.

3 지시사의 용법을 이해할 수 있다.

4 청유를 표현할 수 있다.

重点句型

1 你最近忙不忙?

Nǐ zuìjìn máng bu máng?

2 我最近很忙, 课太多了。

Wǒ zuìjìn hěn máng, kè tài duō le.

3 这是汉语课本吗?

Zhè shì Hànyǔ kèběn ma?

4 请大家打开课本。

Qǐng dàjiā dǎkāi kèběn.

生词(一)

最近	zuìjìn	명	최근, 요즘
忙	máng	형	바쁘다
太	tài	부	너무
多	duō	형	많다
听	tīng	동	듣다
听课	tīng//kè	동	수업을 듣다, 수강하다
外语	wàiyǔ	명	외국어
这	zhè	대	이, 이것, 이 사람
课本	kèběn	명	교과서
难	nán	형	어렵다
有点(儿)	yǒudiǎn(r)	부	조금
不过	bùguò	접	하지만, 그런데
有	yǒu	동	있다
有意思	yǒu yìsi		재미있다
和	hé	접	…와/과
比较	bǐjiào	부	비교적
发音	fāyīn	명	발음

会话(一)

金惠琳 王明，你最近忙不忙？
Wáng Míng, nǐ zuìjìn máng bu máng?

王明 我不太忙，你呢？
Wǒ bú tài máng, nǐ ne?

金惠琳 我最近很忙，课太多了。
Wǒ zuìjìn hěn máng, kè tài duō le.

王明 你听什么课？
Nǐ tīng shénme kè?

金惠琳 我听很多外语课。
Wǒ tīng hěn duō wàiyǔ kè.

王明 这是汉语课本吗？难不难？
Zhè shì Hànyǔ kèběn ma? Nán bu nán?

金惠琳 有点儿难，不过很有意思。
Yǒudiǎnr nán, búguò hěn yǒu yìsi.

王明 你的汉语发音很好。
Nǐ de Hànyǔ fāyīn hěn hǎo.

金惠琳 是吗？谢谢你！不过"yu"和"zh, ch, sh"的发音比较难。
Shì ma? Xièxie nǐ! Búguò "yu" hé "zh、ch、sh" de fāyīn bǐjiào nán.

生词(二)

先	xiān	부 우선, 먼저
复习	fùxí	동 복습하다
上	shàng	명 지난 [순서 또는 시간이 앞의, 이전의]
节	jié	양 (수업) 시간, 절 [여러 개로 나뉜 것을 셀 때 쓰임]
内容	nèiróng	명 내용
请	qǐng	동 청하다, 부탁하다 [상대방에게 어떤 일을 부탁하거나 권할 때 쓰는 경어]
打开	dǎ//kāi	동 열다
页	yè	양 쪽, 페이지
跟	gēn	동 뒤따르다, 쫓아가다
读	dú	동 읽다, 학교가다, 공부하다
课文	kèwén	명 본문
可以	kěyǐ	조동 …할 수 있다, …해도 좋다
没(有)	méi(·yǒu)	동 없다
问题	wèntí	명 문제, 질문
今天	jīntiān	명 오늘
都	dōu	부 모두, 다
明白	míngbai	동 이해하다
好好(儿)	hǎohāo (hǎohāor)	부 잘, 충분히
下课	xià//kè	동 수업을 마치다

会话(二)

老师　同学们好！

Tóngxuémen hǎo!

学生　老师好！

Lǎoshī hǎo!

老师　我们先复习一下上节课的内容。请大家打开课本。

Wǒmen xiān fùxí yíxià shàng jié kè de nèiróng. Qǐng dàjiā dǎkāi kèběn.

学生 老师, 第几页?
Lǎoshī, dì-jǐ yè?

老师 第三十二页。大家跟我读一下课文。
Dì-sānshí'èr yè. Dàjiā gēn wǒ dú yíxià kèwén.

金惠琳 老师, 您可以再读一下吗?
Lǎoshī, nín kěyǐ zài dú yíxià ma?

老师 没问题。
Méi wèntí.

老师 今天学习的内容大家都明白了吗?
Jīntiān xuéxí de nèiróng dàjiā dōu míngbai le ma?

学生 明白了。
Míngbai le.

老师 同学们好好儿复习一下今天的内容, 下课!
Tóngxuémen hǎohāor fùxí yíxià jīntiān de nèiróng, xiàkè!

学生 谢谢老师! 老师, 再见!
Xièxie lǎoshī! Lǎoshī, zàijiàn!

重点语法

1. 정반의문문 你最近忙不忙?

정반의문문은 술어로 사용된 동사 혹은 형용사의 긍정형과 부정형을 병렬하여 만드는 의문문이다. 동사 혹은 형용사가 1음절인 경우 긍정형과 부정형을 차례로 나열하고, 2음절인 경우에는 습관적으로 첫 음절만을 긍정-부정의 형태로 만들 수 있다.

他是不是学生?
Tā shì bu shì xuéshēng?

你们明(白)不明白?
Nǐmen míng(bai) bu míngbai?

2. 我最近很忙, 课太多了。

평서문에서 형용사가 서술어로 쓰이는 경우에는 일반적으로 정도부사 '很'과 함께 출현해야 하며, 이때 '很'은 약하게 발음하고 '매우'의 뜻을 나타내지 않는다. 만일 본래의 성조로 강하게 발음하면 '매우'의 정도 의미가 살아난다.

我很好。
Wǒ hěn hǎo.

汉语很有意思。
Hànyǔ hěn yǒu yìsi.

이 밖에 자주 사용되는 정도부사에는 '比较(비교적)', '非常(매우)', '有点儿(조금)', '太(너무)' 등이 있다. 이 중 '有点儿'과 '太'는 주로 말하는 이의 불만이나 정도의 지나침과 같은 주관적인 태도를 나타낸다.

> '太'는 '太…了'의 형태로 자주 사용되며, 이때 '了'는 화자의 주관적인 태도를 나타내요(성질·상태를 강조).

韩语比较难。
Hányǔ bǐjiào nán.

我的身体非常好。
Wǒ de shēntǐ fēicháng hǎo.

今天天气有点儿冷。
Jīntiān tiānqì yǒudiǎnr lěng.

老师最近太忙了。
Lǎoshī zuìjìn tài máng le.

身体 shēntǐ 명 몸, 신체
非常 fēicháng 부 아주, 매우
天气 tiānqì 명 날씨
冷 lěng 형 춥다, 차다

3. 这是汉语课本吗?

중국어의 지시대사 '这'와 '那'는 각각 화자와 가까운 사람 혹은 사물(근칭) 및 멀리 있는 사람 혹은 사물(원칭)을 지시한다.

	근칭(이)	원칭(그/저)
사람 사물	这	那
장소	这儿，这里	那儿，那里

이들은 단독으로도 사용할 수 있고 다른 성분과 결합하여 보다 다양한 의미를 나타낼 수도 있다. 예를 들어 '这'와 '那' 뒤에 '儿/里'를 붙여 장소를 나타낼 수 있다. 이 중 '这儿'과 '这里'는 가까운 장소를, '那儿'과 '那里'는 먼 장소를 표현하며, '这儿'과 '那儿'이 보다 구어화된 표현이다.

这儿 zhèr 대 이곳, 여기
这里 zhè·lǐ 대 이곳, 여기
那 nà 대 그, 그것, 그 사람/저, 저것, 저 사람
那儿 nàr 대 그곳, 거기/저곳, 저기
那里 nà·lǐ 대 그곳, 거기/저곳, 저기
做 zuò 동 하다

这是我的中国朋友。
Zhè shì wǒ de Zhōngguó péngyou.

那是什么?
Nà shì shénme?

你在这儿做什么?
Nǐ zài zhèr zuò shénme?

他在那里学习。
Tā zài nàlǐ xuéxí

4. 请大家打开课本。

청유를 표현하기 위해 '청하다', '부탁하다'의 의미를 나타내는 동사 '请'을 사용할 수 있다. '请'의 뒤에는 동사구 또는 '명사/대사+동사구'가 사용된다. 이때 동사 뒤에 '한번/좀 …해 보다'의 의미를 나타내는 '一下'를 추가하여 더욱 공손하게 표현할 수 있다.

또한 가능/허락의 의미를 나타내는 조동사 '可以'를 사용하여 '可以…吗?'의 형식으로 '…해 줄 수 있습니까?(…해 주시겠습니까?)'의 의미를 나타낼 수도 있다.

请等一下。
Qǐng děng yíxià.

老师, 您可以再讲一遍吗?
Lǎoshī, nín kěyǐ zài jiǎng yí biàn ma?

等 děng 동 기다리다
讲 jiǎng 동 말하다, 설명하다
遍 biàn 양 번, 회, 차례 [처음부터 끝까지의 전 과정]

练习

1. 교체 연습

1) 汉语　难不难?
　↓　　↓
　你　　饿
　他　　来
　你们　明白
　他们　学习

2) 他　很　忙。
　　↓　↓
　　不太　冷
　　有点儿　累
　　非常　高兴
　　非常　可爱

饿 è 형 배고프다
来 lái 동 오다
累 lèi 형 피곤하다
高兴 gāoxìng 형 기쁘다
可爱 kě'ài 형 귀엽다, 사랑스럽다

2. 다음 단어를 이용하여 문장을 만들어 보세요.

1) 忙 / 我 / 非常 / 今天

____

2) 什么 / 听 / 课 / 你?

____

3) 跟 / 一下 / 大家 / 读 / 我 / 课文

____

4) 开心 / 不过 / 有点儿 / 我 / 忙 / 很 / 最近

____

开心 kāixīn 형 기쁘다, 즐겁다, 유쾌하다

3. 다음 문장을 정반의문문으로 만들어 보세요.

1) 당신은 신입생입니까?

____

2) 중국어가 재미있습니까?

____

3) 오늘 숙제가 많습니까?

____

作业 zuòyè 명 숙제

4) 당신은 피곤하십니까?

____

4. 녹음을 듣고 자신의 상황에 알맞게 대답해 보세요.

1) ______________________________

____

2) ____

____

3) ____

____

4) ____

____

5. 연습해 보세요.

주어진 단어를 활용해 옆 사람과 대화해 보세요.

A: 这是什么?
B: 这是我的课本。

①

这, 书

怎么样 zěnmeyàng 대
어떠하냐 [성질, 상황, 방식 따위를 물음]

②

那，铅笔

③

那，本子

铅笔 qiānbǐ 명 연필

本子 běnzi 명 공책

7

第七课

Dì-qī kè

我有一个姐姐

Wǒ yǒu yí ge jiějie

学习目标

1 가족에 대해 소개할 수 있다.

2 직업에 대해 표현할 수 있다.

3 수사와 양사를 올바르게 활용할 수 있다.

4 소유를 표현할 수 있다.

重点句型

1 我有一个姐姐。

Wǒ yǒu yí ge jiějie.

2 她是老师，在高中教英语。

Tā shì lǎoshī, zài gāozhōng jiāo Yīngyǔ.

3 你姐姐看起来又聪明又能干。

Nǐ jiějie kàn qǐlái yòu cōngming yòu nénggàn.

4 我明天有测验。

Wǒ míngtiān yǒu cèyàn.

生词(一)

种	zhǒng	양 종 [종류를 세는 단위]
饼干	bǐnggān	명 과자
好吃	hǎochī	형 맛있다
一起	yīqǐ	부 함께
吃	chī	동 먹다
吧	ba	조 [권유, 청유, 추측 등의 어기를 나타냄]
兄弟	xiōngdì	명 형제
姐妹	jiěmèi	명 자매
姐姐	jiějie	명 언니, 누나
家人	jiārén	명 가족
照片	zhàopiàn	명 사진
嗯	ǹg	감 응, 네, 그래 [구어에서 허락이나 대답을 나타냄]
高中	gāozhōng	명 고등학교
教	jiāo	동 가르치다
英语	Yīngyǔ	명 영어
看	kàn	동 보다
看起来	kàn// qǐ//lái	보아하니, …해 보이다
又	yòu	부 또, 다시
聪明	cōng·míng	형 똑똑하다
能干	nénggàn	형 능력이 뛰어나다, 유능하다
独生女	dúshēngnǚ	명 외동딸
那	nà	접 그렇다면
妈妈	māma	명 엄마
一定	yīdìng	부 틀림없이, 반드시
疼	téng	동 아끼다, 애지중지하다

会话(一)

陈 红 这种饼干很好吃，我们一起吃吧。
Zhè zhǒng bǐnggān hěn hǎochī, wǒmen yìqǐ chī ba.

李正民 好，谢谢！
Hǎo, xièxie.

陈 红 你有兄弟姐妹吗？
Nǐ yǒu xiōngdì jiěmèi ma?

李正民 我有一个姐姐。这是我家人的照片。
Wǒ yǒu yí ge jiějie. Zhè shì wǒ jiārén de zhàopiàn.

陈 红 这是你姐姐吗？
Zhè shì nǐ jiějie ma?

李正民 嗯，她是老师，在高中教英语。
Ǹg, tā shì lǎoshī, zài gāozhōng jiāo Yīngyǔ.

陈 红 你姐姐看起来又聪明又能干。
Nǐ jiějie kàn qǐlái yòu cōngming yòu nénggàn.

李正民 你也有姐姐吗？
Nǐ yě yǒu jiějie ma?

陈 红 没有，我是独生女。
Méiyǒu, wǒ shì dúshēngnǚ.

李正民 那你爸爸妈妈一定很疼你吧。
Nà nǐ bàba māma yídìng hěn téng nǐ ba.

生词(二)

录音 lùyīn	명 동 녹음, 녹음하다
测验 cèyàn	명 동 시험, 퀴즈, 시험 치다
真 zhēn	부 정말
用功 yòng//gōng	동 열심히 공부하다
听力 tīnglì	명 듣기 능력
没办法 méi bànfǎ	방법이 없다, 할 수 없다
啊 a	조 [평서문의 끝에서 화자의 감정을 추가하거나, 의문문의 끝에서 어기를 부드럽게 함]
对了 duìle	동 맞아! 아 참! [동의를 표시하거나 갑자기 어떤 일이 생각남을 나타냄]
问 wèn	동 묻다
说 shuō	동 말하다
倒数 dàoshǔ	동 거꾸로 세다
行 háng	양 행, 줄
独生子 dúshēngzǐ	명 외아들
意思 yìsi	명 의미, 뜻
男 nán	형 남자의
孩子 háizi	명 아이
哦 ò	감 오! 아! [깨달음을 나타냄]
懂 dǒng	동 이해하다

会话(二)

金惠琳 你听什么啊?
Nǐ tīng shénme a?

李正民 汉语录音。我明天有测验。
Hànyǔ lùyīn. Wǒ míngtiān yǒu cèyàn.

金惠琳 你学习真用功。
Nǐ xuéxí zhēn yònggōng.

李正民 我听力不太好, 没办法啊。
Wǒ tīnglì bú tài hǎo, méi bànfǎ a.

金惠琳 对了, 我有一个问题, 可以问你吗?
Duìle, wǒ yǒu yí ge wèntí, kěyǐ wèn nǐ ma?

李正民 你说。
Nǐ shuō.

金惠琳 课本第36页倒数第二行的"独生子"是什么意思?
Kèběn dì-sānshíliù yè dàoshǔ dì-èr háng de "dúshēngzǐ" shì shénme yìsi?

李正民 "独生子"是"没有兄弟姐妹的男孩子"。
"Dúshēngzǐ" shì "méiyǒu xiōngdì jiěmèi de nán háizi".

金惠琳 哦, 我懂了。谢谢!
Ò, wǒ dǒng le. Xièxie!

李正民 不客气!
Bú kèqi!

重点语法

1. 我有一个姐姐。

중국어는 양사가 발달한 언어로, 수사가 명사를 직접 수식하지 않고 중간에 사람이나 사물 또는 동작 등의 수량 단위를 나타내는 양사를 사용해야 한다.

수사	+	양사	+	명사	
↓		↓		↓	
一		位		老师	yí wèi lǎoshī
三		个		孩子	sān ge háizi

만약 지시대사도 사용된다면 지시대사는 수사 앞에 위치한다. 이때 수사가 '一'인 경우에는 생략할 수 있다.

지시대사	+	(수사)	+	양사	+	명사	
↓		↓		↓		↓	
那		三		个		人	nà sān ge rén
这		(一)		本		书	zhè (yì) běn shū

또한 지시대사 자리에 의문대사 '哪'를 사용하여 대상을 물을 수 있다.

[상용 양사]

个 ge　　명, 개 [사람, 사물을 세는 단위, 일반적으로 두루 쓰이는 양사]

一个人 yí ge rén　　这个学生 zhè ge xuéshēng

位 wèi　　분 [사람을 세는 단위(존칭)]

五位老师 wǔ wèi lǎoshī　　哪位先生 nǎ wèi xiānsheng

张 zhāng　　장 [종이, 책상 등 넓은 표면적을 가진 명사를 세는 단위]

一张纸 yì zhāng zhǐ　　这张桌子 zhè zhāng zhuōzi

本 běn　　권 [책을 세는 단위]

一本书 yì běn shū　　那本词典 nà běn cídiǎn

支 zhī　　자루 [길다란 것을 세는 단위]

四支笔 sì zhī bǐ　　几支铅笔 jǐ zhī qiānbǐ

种 zhǒng　　종 [종류를 세는 단위]

三种杂志 sān zhǒng zázhì　　那种饼干 nà zhǒng bǐnggān

2. 她是老师，在高中教英语。

직업을 물을 때에는 "做什么工作?" 또는 "在哪儿工作?"로 말할 수 있고, 이에 대한 대답으로 동사 '是'를 사용하여 직업을 말하거나 "在…工作/동사(구)"의 형식으로 '…에서 일하다/…을 하다'의 의미를 나타낼 수 있다.

先生 xiānsheng 명 선생 [성인 남자에 대한 존칭]
纸 zhǐ 명 종이
桌子 zhuōzi 명 책상
笔 bǐ 명 펜
杂志 zázhì 명 잡지

A: 她做什么工作?

Tā zuò shénme gōngzuò?

B: 她是医生。

Tā shì yīshēng.

A: 他在哪儿工作?

Tā zài nǎr gōngzuò?

B: 他在游戏公司工作。

Tā zài yóuxì gōngsī gōngzuò.

医生 yīshēng 명 의사

工作 gōngzuò 명 동 일, 직업, 일하다

游戏 yóuxì 명 게임

公司 gōngsī 명 회사

3. 你姐姐看起来又聪明又能干。

'看起来'는 '보아하니', '…해 보이다'란 뜻으로, 어떤 측면에서 보거나 따져서 생각해 본다는 의미를 지닌다. 여기서 '起来'는 '听', '看', '说' 등의 동사 뒤에 붙어 어떤 일이나 사물에 대해 평가할 때 쓴다.

听起来很有意思。

Tīng qǐlái hěn yǒu yìsi.

说起来容易, 做起来难。

Shuō qǐlái róngyì, zuò qǐlái nán.

容易 róngyì 형 쉽다

'又…又…'는 '…하면서(하고도) …하다'는 뜻으로, 어떤 상황이나 성질이 동시에 존재함을 나타낸다.

她又聪明又用功。

Tā yòu cōngming yòu yònggōng.

那种书又难又没意思。

Nà zhǒng shū yòu nán yòu méi yìsi.

没(有)意思 méi(yǒu) yìsi 재미없다

4. 我明天有测验。

'有'는 '…을 가지고 있다', '…이 있다'와 같이 소유를 나타내며, '소유자+有+소유물'의 형식으로 사용된다.

他有弟弟。
Tā yǒu dìdi.

我们班有五个学生。
Wǒmen bān yǒu wǔ ge xuéshēng.

明天我有英语课。
Míngtiān wǒ yǒu Yīngyǔ kè.

'有'의 부정형은 '没有'이다.

她没有妹妹。
Tā méiyǒu mèimei.

我没有课本。
Wǒ méiyǒu kèběn.

今天他没有汉语课。
Jīntiān tā méiyǒu Hànyǔ kè.

弟弟 dìdi 명 남동생
班 bān 명 반
妹妹 mèimei 명 여동생

5. 중국어의 숫자 표현

중국어의 기수 표현은 기본적으로 우리말과 같다. 그러나 '1'의 경우 우리말에서 '십, 백, 천 …'과 같이 읽는 것과 달리 중국어에서는 '十'를 제외한 나머지 자릿수(百, 千, 万 등) 앞에 모두 '一'를 추가해야 한다.

零	一	二	三	四	五	六	七	八	九	十
líng	yī	èr	sān	sì	wǔ	liù	qī	bā	jiǔ	shí

十一	十二	十三	…	十八	十九	二十
shíyī	shí'èr	shísān	…	shíbā	shíjiǔ	èrshí

零 líng 수 영

三十 sānshí　四十 sìshí　五十 wǔshí　六十 liùshí　七十 qīshí　八十 bāshí　九十 jiǔshí　一百 yìbǎi

一千 yìqiān　一万 yíwàn　一亿 yíyì　一万亿 yíwànyì

자릿수 뒤에 다른 수가 없으면 그 자릿수는 생략할 수 있고, 중간에 오는 자릿수가 없는 경우 '零'으로 읽되, '0'이 연속되어도 한 번만 읽는다.

350 三百五(十)
sānbǎi wǔ(shí)

2800 两千八(百)
liǎngqiān bā(bǎi)

6001 六千零一
liùqiān líng yī

40007 四万零七
sìwàn líng qī

90020 九万零二十
jiǔwàn líng èrshí

숫자 2를 나타내는 표현으로 '二'과 '两'이 있고, 양사 앞에서는 '两'을 사용한다. 십의 자릿수는 '二', 천 이상의 큰 자릿수는 '两'을 사용한다. 백의 자릿수는 '二'과 '两'을 모두 사용할 수 있다.

两个人 liǎng ge rén　两支笔 liǎng zhī bǐ

二十 èrshí　二百/两百 èrbǎi/liǎngbǎi

两千 liǎngqiān　两万 liǎngwàn　两亿 liǎngyì

중국어의 서수는 '第+기수'로 나타낸다.

第一 第二 第二十
dì-yī dì-èr dì-èrshí

第二十页第四行
dì-èrshí yè dì-sì háng

第十页倒数第五行
dì-shí yè dàoshǔ dì-wǔ háng

百 bǎi 수 백
千 qiān 수 천
万 wàn 수 만
亿 yì 수 억
万亿 wànyì 수 조

两 liǎng 수 2, 둘

练习

1. 교체 연습

1) 我有 两 个 姐姐。

两	个	姐姐
十五	个	朋友
三十四	本	书
一百零九	张	照片
二十六	支	笔

2) 他 是 医生。

他	医生
她	公务员
爸爸	上班族
哥哥	程序员
姐姐	律师

3) 我 没有 问题。

我	问题
她	日语词典
他	女朋友
中文系	美国同学
明天	韩语课

4) 他 又 聪明 又 能干。

他	聪明	能干
她	用功	聪明
妹妹	善良	可爱
那种饼干	健康	好吃
这张桌子	好看	便宜

2. 다음 단어를 이용하여 문장을 만들어 보세요.

1) 两 / 汉语 / 有 / 我 / 课本 / 本

____

公务员 gōngwùyuán 명 공무원

上班族 shàngbānzú 명 샐러리맨, 직장인

哥哥 gēge 명 형, 오빠

程序员 chéngxùyuán 프로그래머

日语 Rìyǔ 고유 일본어

女朋友 nǚpéngyou 명 여자친구

律师 lǜshī 명 변호사

善良 shànliáng 형 선량하다, 착하다

健康 jiànkāng 형 건강하다

好看 hǎokàn 형 보기좋다, 예쁘다

便宜 piányi 형 싸다

2) 的 / 爸爸 / 我 / 妈妈 / 没有 / 照片

____

3) 意思 / 第 / 三 / 什么 / 是 / 单词 / 个

____

单词 dāncí 명 단어

4) 又 / 饼干 / 好吃 / 这 / 便宜 / 又 / 种

____

3. 다음 대화를 완성해 보세요.

1) A: 你有兄弟姐妹吗?

B: 我有 ______________。这是我家人的照片。

A: 这是谁?

B: ______________________。

2) A: 你看什么?

B: 我看 ______________________。

A: 你学习真用功。

B: ______________________, 没办法啊。

4. 연습해 보세요.

1) 아래 내용을 참고해서 옆 사람과 대화해 보세요.

A: 你家有几口人?
B: 五口人。
A: 你有兄弟姐妹吗?
B: 我有一个弟弟和一个妹妹。

A: 都有什么人?
B: 爸爸、妈妈、
一个弟弟、一个妹妹和我。

①

②

③

家 jiā 명 집
口 kǒu 양 식구

2) 아래의 내용을 참고해서 자신의 가족에 대해 소개해 보세요.

大家好!
我叫高丽丽, 今年十七岁。
我是高中一年级的学生。

初中 chūzhōng 명 중학교
警察 jǐngchá 명 경찰
作家 zuòjiā 명 작가
爱 ài 동 사랑하다

我家有四口人：爸爸、妈妈、弟弟和我。
我弟弟是初中二年级的学生。
爸爸是警察，妈妈是作家。
我非常爱他们。

가족 호칭

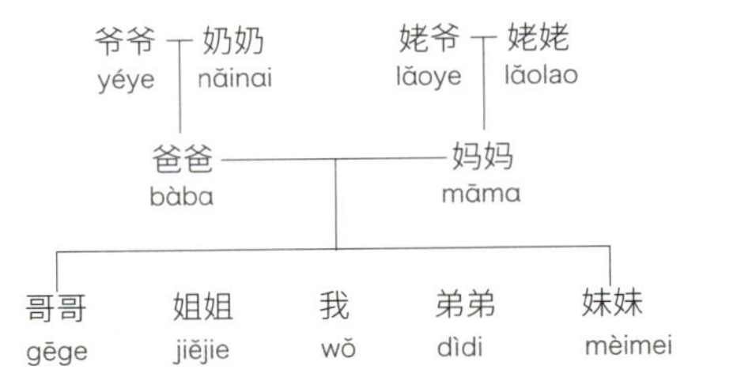

奶奶 nǎinai 명 할머니
姥爷 lǎoye 명 외할아버지
姥姥 lǎolao 명 외할머니

5. 녹음을 듣고 질문에 대답해 보세요.

1) 李正民家有几口人?

____

2) 李正民有兄弟姐妹吗?

____

3) 李正民的兄弟姐妹做什么?

____

4) 李正民和他的姐姐谁聪明?

____

5) 李正民的爸爸妈妈做什么工作?

____

上学 shàng//xué 동 등교하다, 학교에 다니다

문화

■ 중국의 인플루언서 网红과 网红经济

중국은 상당히 일찍부터 网红이라는 개념이 자리 잡았다. 网络(네트워크) + 红人(유명인, 인기인)의 합성어인 网络红人을 줄인 말이다. 이들은 다양한 플랫폼(SNS 등)에서 각기 다른 매력을 통해 인기를 얻어 粉丝를 형성한 사람들이다. 이들은 短视频(숏폼 영상)을 제작하여 업로드하거나 直播(라이브 방송)를 통해 시청자들과 소통하며 다양한 방식으로 粉丝를 확보한다. 网红은 한국의 인플루언서와 유사하지만 한국보다 일찍 본격적으로 상업성과 결합하여 현재는 중국의 상품경제 가치사슬 속에서 마케팅과 세일즈의 핵심적인 역할을 담당하고 있다. 网红의 경제적 영향력은 중국의 각종 대규모 프로모션 기간에 잘 확인할 수 있다. 예를 들어 중국의 '블랙 프라이데이'라고 할 수 있는 11월 11일 光棍节에 여러 E-commerce 플랫폼에서 앞다투어 网红 사이의 상품판매액 경진대회를 연 것이 대표적이다. 2022년 현재 중국의 网红经济 규모는 약 1.2조 RMB로 추산되어 한화 약 220조 원에 달하는 엄청난 경제적 가치를 창출하고 있다. 한편 젊은이들을 중심으로 많은 사람들이 网红 활동을 통해 수익을 창출하자, 공원 등지에서는 너도 나도 카메라 앞에서 춤추고 노래하는 진풍경이 보이기도 한다. 급격하게 커지는 网红经济는 각종 온라인 범죄 등 많은 부작용도 낳았는데, 중국의 관련 당국에서는 이를 관리하기 위해 다양하고 엄격한 조치들을 취하고 있다.

第八课

Dì-bā kè

8

图书馆在哪儿?

Túshūguǎn zài nǎr?

学习目标

1 장소와 위치를 표현할 수 있다.

2 공간과 시간의 범위를 나타낼 수 있다.

3 방위사를 활용할 수 있다.

4 '在', '有', '是'를 사용한 존재의 표현을 구분하여 활용할 수 있다.

重点句型

1 你去哪儿?

Nǐ qù nǎr?

2 图书馆在法律学院东边儿。

Túshūguǎn zài fǎlǜ xuéyuàn dōngbianr.

3 从三楼到五楼是阅览室。

Cóng sān lóu dào wǔ lóu shì yuèlǎnshì.

4 我们先吃点儿东西再来吧。

Wǒmen xiān chī diǎnr dōngxi zài lái ba.

生词(一)

去	qù	동 가다
哪儿	nǎr	대 어디
图书馆	túshūguǎn	명 도서관
中央图书馆	Zhōngyāng Túshūguǎn	고유 중앙도서관
在	zài	동 있다, …에 있다
法律学院	fǎlǜ xuéyuàn	명 법학대학
东边(儿)	dōngbian(r)	명 동쪽
想	xiǎng	조동 …하고 싶다, …하길 바라다
但是	dànshì	접 하지만, 그러나, 그렇지만
听说	tīngshuō	동 듣자 하니 …이라 한다, …라더라
里	lǐ	명 안
是的	shì de	그렇다, 맞다
每	měi	대 매, 각, …마다
阅览室	yuèlǎnshì	명 열람실
放心	fàng//xīn	동 안심하다

会话(一)

在学校 Zài xuéxiào

陈红　你去哪儿?

Nǐ qù nǎr?

李正民　我去图书馆。

Wǒ qù túshūguǎn.

陈红 哪个图书馆?

Nǎ ge túshūguǎn?

李正民 中央图书馆。

Zhōngyāng Túshūguǎn.

陈红 中央图书馆在哪儿?

Zhōngyāng Túshūguǎn zài nǎr?

李正民 中央图书馆在法律学院东边儿。

Zhōngyāng Túshūguǎn zài fǎlǜ xuéyuàn dōngbianr

陈红 是吗? 我也想去图书馆做作业, 但是听说最近图书馆里人非常多。

Shì ma? Wǒ yě xiǎng qù túshūguǎn zuò zuoye, dànshì tīngshuō zuìjìn túshūguǎn lǐ rén fēicháng duō.

李正民 是的。不过我们学校有很多图书馆, 每个图书馆都有很多阅览室。你放心吧。

Shì de. Búguò wǒmen xuéxiào yǒu hěn duō túshūguǎn, měi ge túshūguǎn dōu yǒu hěn duō yuèlǎnshì. Nǐ fàngxīn ba.

> 是的
> 상대의 말에 긍정의 대답을 할 때 '是' 뒤에 '的'를 더하여 긍정 어기를 강화해요.

陈红 那我们一起去, 好不好?

Nà wǒmen yìqǐ qù, hǎo bu hǎo?

李正民 好啊!

Hǎo a!

生词(二)

- 哇 wā — 감 와! [놀람, 감탄을 나타냄]
- 座 zuò — 양 동, 채 [건물, 산, 교량 등 부피가 크거나 고정된 물체를 세는 단위]
- 一共 yīgòng — 부 도합, 합해서
- 层 céng — 양 층
- 楼 lóu — 명 건물, 층
- 电脑室 diànnǎoshì — 명 컴퓨터실
- 从 cóng — 개 …부터 [공간이나 시간의 기점을 표시]
- 到 dào — 개 …까지 [공간이나 시간의 도착점을 표시]
- 常 cháng — 부 늘, 자주
- 一般 yībān — 형 일반적이다, 보통이다 [부사어로 쓰여 '대개', '일반적으로'의 의미를 나타냄]
- 宿舍 sùshè — 명 기숙사
- 只 zhǐ — 부 단지, …만
- 查 chá — 동 (사전 등을) 찾다, 검색하다, 조사하다
- 资料 zīliào — 명 자료
- 或者 huòzhě — 접 혹은
- 借 jiè — 동 빌리다
- 呢 ne — 조 [문장의 끝에서 청자의 주의를 환기시킴. 평서문에서는 확인·단정을 나타내고, 의문문에서 의문의 어기를 나타냄]
- 安静 ānjìng — 형 조용하다
- 可是 kěshì — 접 그러나, 그런데
- 现在 xiànzài — 명 지금, 현재
- 咖啡厅 kāfēitīng — 명 카페, 커피숍
- 便利店 biànlìdiàn — 명 편의점
- 对面(儿) duìmiàn(r) — 명 건너편
- 点(儿) diǎn(r) — 양 조금 [소량을 나타냄, 수사 '一'와 결합한 '一点(儿) yìdiǎnr'의 형태로도 쓰임]
- 东西 dōngxi — 명 물건, 음식 [각종 구체적 혹은 추상적 사물을 가리킴]

会话(二)

在图书馆 Zài túshūguǎn

陈红 哇！图书馆真大! 这座图书馆一共有几层?

Wā! Túshūguǎn zhēn dà! Zhè zuò túshūguǎn yígòng yǒu jǐ céng?

李正民 五层。一楼是电脑室，从三楼到五楼是阅览室。

Wǔ céng. Yī lóu shì diànnǎoshì, cóng sān lóu dào wǔ lóu shì yuèlǎnshì.

陈红 你也常在这儿做作业吗?

Nǐ yě cháng zài zhèr zuò zuòyè ma?

李正民 不，我一般在宿舍做作业，
在图书馆我只查资料或者借书。

Bù, wǒ yìbān zài sùshè zuò zuòyè,
zài túshūguǎn wǒ zhǐ chá zīliào huòzhě jiè shū.

陈红 那我们在几楼学习呢?

Nà wǒmen zài jǐ lóu xuéxí ne?

李正民 四楼比较安静，我们在四楼阅览室学习吧。

Sì lóu bǐjiào ānjìng, wǒmen zài sì lóu yuèlǎnshì xuéxí ba.

> 层과 楼
> 건물 층의 개수를 셀 때는 层, 1층, 2층, 3층 등 층의 순서를 표시할 때는 楼를 사용해요.

陈红 好，可是我现在有点儿饿，这儿有没有咖啡厅或者便利店？

Hǎo, kěshì wǒ xiànzài yǒudiǎnr è, zhèr yǒu méiyǒu kāfēitīng huòzhě biànlìdiàn?

李正民 图书馆对面是咖啡厅，我们先吃点儿东西再来吧。

Túshūguǎn duìmiàn shì kāfēitīng, wǒmen xiān chī diǎnr dōngxi zài lái ba.

重点语法

1. 존재를 나타내는 '在', '有', '是'

'在, 有, 是'는 모두 장소나 존재를 나타내는 동사로 쓰일 수 있는데, 용법에 차이가 있다.

구문	의미	예문
A 在 B (B: 장소)	A가 B에 있다.	我们在中央图书馆。 Wǒmen zài Zhōngyāng Túshūguǎn.
A 有 B (A: 장소)	A에(게) B가 있다.	教室里有很多学生。 Jiàoshì lǐ yǒu hěn duō xuéshēng.
A 是 B (A: 장소)	A는 B이다. A에 B가 있다.	图书馆对面是咖啡厅。 Túshūguǎn duìmiàn shì kāfēitīng.

'是'를 사용한 존재문은 대체로 어떤 장소에 존재하는 유일한 대상을 설명할 때 사용된다.

A: 桌子上是什么?

Zhuōzi shàng shì shénme?

B: 桌子上是笔。

Zhuōzi shàng shì bǐ.

'有'를 사용한 존재문은 어떤 장소에 여러 가지 사물이 존재하는 경우에도 사용될 수 있다는 차이점이 있다.

A: 桌子上有什么?

Zhuōzi shàng yǒu shénme?

B: 桌子上有电脑, 还有书。

Zhuōzi shàng yǒu diànnǎo, hái yǒu shū.

电脑 diànnǎo 명 컴퓨터

还 hái 부 여전히, 아직, 더

2. 中央图书馆在法律学院东边儿。

방위사(方位词 fāngwèicí)는 공간과 시간을 나타내는 단어이며 명사에 속한다. 1음절 방위사는 단순방위사라고 하는데, 이러한 단순방위사는 '-边', '-面', '-头' 등의 접미사(后缀 hòuzhuì)와 결합하여 합성방위사를 만든다. 흔히 사용되는 방위사는 다음과 같다.

	上/下 shàng/xià 위/아래	前/后 qián/hòu 앞/뒤	里/外 lǐ/wài 안/밖	东/西/南/北 dōng/xī/nán/běi 동/서/남/북	旁 páng 옆	中 zhōng 가운데
-边 bian	○	○	○	○	旁边 pángbiān	中间 zhōngjiān 가운데
-面 miàn	○	○	○	○	×	
-头 tou	○	○	○	×	×	

旁 páng 명 옆, 곁

旁边 pángbiān 명 옆쪽
[방위사 边이 접사로 쓰일 때, 旁과 결합하는 경우에만 제1성으로 발음]

中间 zhōngjiān 명 가운데, 중간

3. 听说

'听说'는 '듣자 하니', '들은 바로는'과 같이 소문 등을 통해 전해 들은 것을 말할 때 사용한다.

听说，我们学校有两个图书馆。
Tīngshuō, wǒmen xuéxiào yǒu liǎng ge túshūguǎn.

听说，你最近学习汉语。
Tīngshuō, nǐ zuìjìn xuéxí Hànyǔ.

4. 我们一起去，好不好？

평서문 뒤에 '好不好?' 혹은 '好吗'를 부가하여 건의를 하거나 상대방의 의견을 물을 수 있다. 이 질문에 동의를 표시하고 싶을 때에는 주로 '好','好啊' 등을 사용할 수 있다.

A: 我们明天去看他，好不好？
Wǒmen míngtiān qù kàn tā, hǎo bu hǎo?

B: 好啊。
Hǎo a.

A: 今天晚上我有事，咱们明天见面，好不好？
Jīntiān wǎnshang wǒ yǒu shì, zánmen míngtiān jiànmiàn, hǎo bu hǎo?

B: 好，那就明天见吧。
Hǎo, nà jiù míngtiān jiàn ba.

事(儿) shì(r) 명 일
见面 jiàn//miàn 동 만나다
就 jiù 부 곧, …면

5. 从三楼到五楼是阅览室。

'从…到…'는 '…부터…까지'란 의미로, 공간상의 범위나 시간상의 범위를 나타내는 데 모두 쓰일 수 있다.

我从下午一点到三点上课。
Wǒ cóng xiàwǔ yī diǎn dào sān diǎn shàngkè.

从我家到学校坐车要十分钟。
Cóng wǒ jiā dào xuéxiào zuò chē yào shí fēnzhōng.

上课 shàng//kè 동 수업하다
坐车 zuò chē 차를 타다
要 yào 동 소요되다, 필요로 하다
分钟 fēnzhōng 명 분 [시간의 길이를 나타냄]

6. '有点儿'과 '一点儿'

'有点儿'은 정도부사로 대체로 부정적 의미를 지닌 동사나 형용사를 수식하는 경향이 있다.

有点儿疼
yǒudiǎnr téng

'一点儿'은 수량사구로 동사나 형용사 뒤에 쓰여 '…를 좀 …하다', '좀 더 …하다', '좀 더 …해지다'라는 의미로 쓰여 동작의 양이나 변화의 양을 나타낸다. 이때 '一'는 자주 생략된다.

做点儿菜
zuò diǎnr cài

看点儿书
kàn diǎnr shū

疼 téng 형 아프다
做菜 zuò cài 음식을 만들다, 요리하다
看//书 kànshū 동 책을 읽다

7. 我们先吃点儿东西再来吧。

'先…再…'는 '먼저 …하고 다시 …하다'라는 의미로, 선후 관계에 놓인 동작을 표시할 수 있다.

我们一般先学习生词，再学习课文。
Wǒmen yìbān xiān xuéxí shēngcí, zài xuéxí kèwén.

你们先洗手，再吃饭。
Nǐmen xiān xǐ shǒu, zài chīfàn.

洗 xǐ 동 씻다
手 shǒu 명 손
吃饭 chī//fàn 동 밥을 먹다, 식사하다

练习

1. 교체 연습

1) 我去 图书馆。
↓
教室
商店
医院
高丽大学

2) 图书馆 在哪儿?
↓
教学楼
办公室
洗手间
学生食堂

3) 我有点儿 饿。
↓
冷
累
渴
热

4) 这座图书馆 一共有 几层?

↓	↓
书包里	几本书
这本书	多少页
你们班	几个外国人
这个学期	几门课

'几'는 보통 10 미만의 확실하지 않은 수량을, '多少'는 주로 10 이상의 수량을 물을 때 쓰여요. 또 '几'는 반드시 양사와 함께 사용하지만, '多少'는 양사 없이 사용할 수 있어요.
ex) 几支笔 vs. 多少（个）学生

教室 jiàoshì 명 교실
商店 shāngdiàn 명 상점, 가게
医院 yīyuàn 명 병원
教学楼 jiàoxuélóu 명 강의동
办公室 bàngōngshì 명 사무실
洗手间 xǐshǒujiān 명 화장실
食堂 shítáng 명 구내식당

渴 kě 형 목이 마르다, 갈증 나다
热 rè 형 덥다
书包 shūbāo 명 책가방
多少 duōshao 대 몇, 얼마
外国人 wàiguórén 명 외국인
学期 xuéqī 명 학기
门 mén 양 가지, 과목 [과목이나 기술의 수를 세는 양사]

2. 다음 대화를 완성해 보세요.

1) A: ________________?
   B: 我去学生食堂。

2) A: 教学楼________________?
   B: 教学楼在图书馆的南边儿。

3) A: 这座楼________________?
   B: 这座楼一共有六层。

4) A: 我们________________上课?
   B: 我们在三楼上课。

5) A: 我有点儿饿, 教学楼里____?
   B: 教学楼一楼有便利店, 我们先吃点儿东西再来吧。

3. 알맞은 단어를 골라 다음 문장을 완성해 보세요.

哪儿	一起	有点儿	有没有

1) 请问, 政大后门在______________?

2) 今天晚上我们______________吃饭, 好不好?

3) 你______________中国朋友?

4) 今天______________热, 我们去游泳吧。

政大后门(政经学院后门) Zhèngdà Hòumén 고유 (고려대) 정대 후문
游泳 yóu//yǒng 동 수영하다

4. 지도를 보고 예시와 같이 '在', '有', '是'를 써서 주요 건물의 위치와 특징을 설명해 보세요.

1) 法律学院在中央图书馆旁边。

2) 民主广场西边有教养馆。

3) 学生会馆前边是民主广场。

주요 건물 이름

学生会馆 Xuéshēng Huìguǎn 학생회관

民主广场 Mínzhǔ Guǎngchǎng 민주광장

教养馆 Jiàoyǎngguǎn 교양관

政经学院 Zhèngjīng Xuéyuàn 정경대학

中央图书馆 Zhōngyāng túshūguǎn 중앙도서관

中央广场 Zhōngyāng Guǎngchǎng 중앙광장

博物馆 bówùguǎn 박물관

高丽大学医院 Gāolí Dàxué Yīyuàn 고려대병원

高丽大学站 Gāolí Dàxué Zhàn 고려대학교 역

安岩站 Ānyán Zhàn 안암역

文(科)学院(西馆/书馆) Wén(kē) xuéyuàn (Xīguǎn/Shūguǎn) 문과대학(서관)

绿地操场 Lǜdì Cāochǎng 녹지운동장

化汀体育馆 Huàtīng Tǐyùguǎn 화정체육관

滑冰场 huábīngchǎng 빙상장

石塔 Shítǎ 석탑

虎像 Hǔxiàng 호상

爱子陵 Àizǐlíng 애기능

韩亚广场 Hányà Guǎngchǎng 하나스퀘어

9

第九课

Dì-jiǔ kè

现在几点?

Xiànzài jǐ diǎn?

学习目标

1 날짜, 요일, 시간을 말할 수 있다.

2 하루 일과를 묻고 답할 수 있다.

3 명사술어문을 활용할 수 있다.

重点句型

1 现在几点?
Xiànzài jǐ diǎn?

2 有时候去图书馆看书, 有时候去咖啡厅做作业。
Yǒushíhou qù túshūguǎn kànshū, yǒushíhou qù kāfēitīng zuò zuòyè.

3 父亲节是几月几号?
Fùqīnjié shì jǐ yuè jǐ hào?

4 星期六下午我们一起去买礼物吧。
Xīngqīliù xiàwǔ wǒmen yìqǐ qù mǎi lǐwù ba.

生词(一)

点	diǎn	양	시(時)
差	chà	동	부족하다, 모자라다 [시간 표현]
分	fēn	양	(시간의) 분
半	bàn	수	1/2, 반, 절반, 30분
平时	píngshí	명	평소, 평상시, 보통 때
以后	yǐhòu	명	이후
时候	shíhou	명	때, 시각
有时候	yǒushíhou		이따금, 간혹, 가끔
什么时候	shénme shíhou	대	언제
晚饭	wǎnfàn	명	저녁 식사
多	duō	수	(수량사 뒤에 쓰여) … 남짓, -여
休息	xiūxi	동	휴식하다, 쉬다
常常	chángcháng	부	늘, 자주
跟	gēn	개	…와/과
室友	shìyǒu	명	룸메이트
出去	chū//·qù	동	나가다
运动	yùndòng	동	운동하다

会话(一)

李正民 现在几点?
Xiànzài jǐ diǎn?

金惠琳 差十分十点。我们去上课吧。
Chà shí fēn shí diǎn. Wǒmen qù shàngkè ba.

李正民 你今天有几节课?
Nǐ jīntiān yǒu jǐ jié kè?

金惠琳 有两节：上午十点半一节，下午两点一节。
Yǒu liǎng jié: shàngwǔ shí diǎn bàn yì jié, xiàwǔ liǎng diǎn yì jié.

李正民 你平时下课以后都做什么?
Nǐ píngshí xiàkè yǐhòu dōu zuò shénme?

金惠琳 有时候去图书馆看书，有时候去咖啡厅做作业。
Yǒushíhou qù túshūguǎn kànshū, yǒushíhou qù kāfēitīng zuò zuòyè.

李正民 你一般什么时候吃晚饭?
Nǐ yìbān shénme shíhou chī wǎnfàn?

金惠琳 我一般六点多在学校食堂吃。
Wǒ yìbān liù diǎn duō zài xuéxiào shítáng chī.

李正民 那吃饭以后，在宿舍休息吗?
Nà chīfàn yǐhòu, zài sùshè xiūxi ma?

金惠琳 不，晚上我常常跟室友一起出去运动。
Bù, wǎnshang wǒ chángcháng gēn shìyǒu yìqǐ chūqù yùndòng.

> 룸메이트를 나타내는 표현에는 舍友(shèyǒu), 同屋(tóngwū) 등도 있어요.

生词(二)

月	yuè	명 달, 월
号(儿)	hào(r)	명 일 [날짜를 가리킴]
星期	xīngqī	명 주, 요일
空(儿)	kòng(r)	명 틈, 겨를
下	xià	명 나중, 다음
买	mǎi	동 사다, 구입하다
礼物	lǐwù	명 선물
不行	bùxíng	동 안 된다 [불가능을 나타냄]
时间	shíjiān	명 시간
门口(儿)	ménkǒu(r)	명 입구
节日	jiérì	명 기념일, 명절
同	tóng	형 …와(과) 같다
天	tiān	양 일 [날짜를 세는 단위]
星期天	xīngqītiān	명 일요일
父母节	Fùmǔ Jié	고유 어버이날
母亲节	Mǔqīn Jié	고유 어머니날
父亲节	Fùqīn Jié	고유 아버지날

会话(二)

金惠琳 王明，今天几月几号？星期几？
Wáng Míng, jīntiān jǐ yuè jǐ hào? Xīngqī jǐ?

王明 四月三十号，星期三。
Sì yuè sānshí hào, xīngqīsān.

金惠琳 你什么时候有空？下星期四是韩国的父母节，
Nǐ shénme shíhou yǒu kòng? Xià xīngqīsì shì Hánguó de Fùmǔ Jié,
我想跟你一起去买父母节礼物。
wǒ xiǎng gēn nǐ yìqǐ qù mǎi Fùmǔ Jié lǐwù.

王明 这个星期五下午去怎么样?

Zhè ge xīngqīwǔ xiàwǔ qù zěnmeyàng?

星期五下午我没有课。

Xīngqīwǔ xiàwǔ wǒ méiyǒu kè.

金惠琳 星期五下午我有课, 星期六不行吗?

Xīngqīwǔ xiàwǔ wǒ yǒu kè, xīngqīliù bùxíng ma?

王明 星期六有时间, 我们星期六下午一点在学校门口见吧。

Xīngqīliù yǒu shíjiān, wǒmen xīngqīliù xiàwǔ yīdiǎn zài xuéxiào ménkǒu jiàn ba.

金惠琳 好。对了, 你们中国也有父母节吗?

Hǎo. Duìle, nǐmen Zhōngguó yě yǒu Fùmǔ Jié ma?

王明 中国有母亲节, 也有父亲节。

Zhōngguó yǒu Mǔqīn jJé, yě yǒu Fùqīn Jié.

两个节日不是同一天。

Liǎng ge jiérì bú shì tóng yì tiān.

金惠琳 是吗? 那母亲节是几月几号?

Shì ma? Nà Mǔqīn Jié shì jǐ yuè jǐ hào?

王明 母亲节是五月的第二个星期天。

Mǔqīn Jié shì wǔ yuè de dì-èr ge xīngqītiān.

金惠琳 父亲节呢?

Fùqīn Jié ne?

王明 父亲节是六月的第三个星期天。

Fùqīn Jié shì liù yuè de dì-sān ge xīngqītiān.

金惠琳 真有意思!

Zhēn yǒu yìsi!

重点语法

1. 날짜, 요일, 시간 표현

1) 년　자릿수를 생략하고 숫자를 읽는다.

一九八八年	一九九七年	二〇〇〇年	二〇一八年
yī jiǔ bā bā nián	yī jiǔ jiǔ qī nián	èr líng líng líng nián	èr líng yī bā nián

2) 월　1~12까지의 숫자 뒤에 '月'를 붙인다.

一月	三月	九月	十二月
yī yuè	sān yuè	jiǔ yuè	shí'èr yuè

3) 일　읽는 방법은 '月'와 동일하다. 1~31까지의 숫자 뒤에 '号(또는 日)'를 붙인다('号'는 주로 구어에서 많이 사용되고, '日'는 주로 서면어에서 사용된다).

二号	十五日	二十九号	三十一日
èr hào	shíwǔ rì	èrshíjiǔ hào	sānshíyī rì

4) 요일　월요일부터 토요일까지는 '星期' 뒤에 1~6까지의 숫자를 붙이고, 일요일은 '星期' 뒤에 '天'이나 '日'를 붙인다(星期天은 구어에서 사용하고 星期日는 주로 서면어에서 사용한다).

월요일: 星期一 (xīngqīyī)　수요일: 星期三 (xīngqīsān)　일요일: 星期天 (xīngqītiān) 또는 星期日 (xīngqīrì)

年 nián 명 해, 년
日 rì 명 날, 일

5) 년, 월, 일, 요일을 모두 쓸 경우 순서는 다음과 같다.

2024年 5月 8号 星期五 → 二零二四年 五月八号 星期五
èr líng èr sì nián wǔ yuè bā hào xīngqīwǔ

6) 시간 읽는 법

1:00	一点 yī diǎn	一点整 yī diǎn zhěng	2:00	两点 liǎng diǎn	两点整 liǎng diǎn zhěng
1:01	一点一分 yī diǎn yī fēn	一点零一分 yī diǎn líng yī fēn	2:02	两点二分 liǎng diǎn èr fēn	两点零二分 liǎng diǎn líng èr fēn
1:15	一点十五分 yī diǎn shíwǔ fēn	一点一刻 yī diǎn yí kè	2:45	两点四十五分 liǎng diǎn sìshíwǔ fēn	差一刻三点 chà yí kè sān diǎn
				差十五分三点 chà shíwǔ fēn sān diǎn	两点三刻 liǎng diǎn sān kè
1:30	一点三十分 yī diǎn sānshí fēn	一点半 yī diǎn bàn	2:55	两点五十五分 liǎng diǎn wǔshíwǔ fēn	差五分三点 chà wǔ fēn sān diǎn

整 zhěng 형 정각
刻 kè 양 15분

2. 今天几月几号?

시간, 날짜, 요일, 나이 등을 묻고 답할 때는 동사 '是' 없이 명사나 명사구가 직접 문장의 술어로 쓰일 수 있는데, 이러한 문장을 '명사술어문'이라고 한다.

今天星期几?
Jīntiān xīngqī jǐ?

现在五点半。
Xiànzài wǔ diǎn bàn.

그러나 주어가 특정한 날이거나, 부정문일 경우에는 '是'을 생략하지 않는다.

你的生日是六月八号吧?
Nǐ de shēngrì shì liù yuè bā hào ba?

今天不是四月三十号。
Jīntiān bú shì sì yuè sānshí hào.

生日 shēngri 명 생일

3. 有时候去图书馆看书, 有时候去咖啡厅做作业。

'有时候…, 有时候…'는 '때로는 …하고, 때로는 …한다'라는 뜻으로, 두 개의 '有'를 연용하여 각각 일부분을 나타낸다. '有'의 뒤에 '的'를 부가할 수도 있다.

有(的)时候上午有课, 有(的)时候上下午都有课。
Yǒu (de) shíhou shàngwǔ yǒu kè, yǒu (de) shíhou shàng xiàwǔ dōu yǒu kè.

有(的)时候上午十一点吃午饭, 有(的)时候下午一点吃午饭。
Yǒu (de) shíhou shàngwǔ shíyī diǎn chī wǔfàn, yǒu (de) shíhòu xiàwǔ yī diǎn chī wǔfàn.

午饭 wǔfàn 명 점식 식사

4. 我常常跟同屋一起出去运动。

'常常'은 행위나 동작이 발생한 횟수가 많음을 나타내는 부사로, '늘, 자주'로 해석된다. '자주 …하지는 않는다'를 표현할 때는 부정형 '不常'을 사용한다.

我们常常去咖啡厅聊天儿。
Wǒmen chángcháng qù kāfēitīng liáotiānr.

她最近不常来我家。
Tā zuìjìn bù cháng lái wǒ jiā.

聊天(儿) liáo//tiān(r) 동 한담하다

5. 你平时下课以后都做什么?

'平时'는 시간명사로, 주어의 앞뒤에 모두 쓸 수 있다. 이러한 시간명사로는 '平时' 외에 '平常', '通常' 등이 있다.

平时我没有时间看电视。
Píngshí wǒ méiyǒu shíjiān kàn diànshì.

我平时没有时间看电视。
Wǒ píngshí méiyǒu shíjiān kàn diànshì.

平常你在哪儿学习?
Píngcháng nǐ zài nǎr xuéxí?

你平常在哪儿学习?
Nǐ píngcháng zài nǎr xuéxí?

平常 píngcháng 명 평소
通常 tōngcháng 명 통상
电视 diànshì 명 텔레비전

6. 我想跟你一起去买父母节礼物。

조동사 '想'은 '…하고 싶다', '…하려고 생각한다'와 같이 소망을 나타내며, '很'과 같은 부사의 수식을 받을 수 있다. '想'과 같은 조동사를 부정할 때는 '不'를 사용한다.

你想看书吗?
Nǐ xiǎng kànshū ma?

他很想学汉语。
Tā hěn xiǎng xué Hànyǔ.

我不想去那儿。
Wǒ bù xiǎng qù nàr.

부사 '一起'는 하나 이상의 사람이 함께 행위 동작을 한다는 의미를 나타내므로 주어는 복수이거나 혹은 '주어 + 跟 + 사람 + 一起 + 동사'의 형식으로 쓰인다.

你们一起做菜吧。
Nǐmen yìqǐ zuò cài ba.

我跟同学一起去图书馆。
Wǒ gēn tóngxué yìqǐ qù túshūguǎn.

练习

1. 교체 연습

1) 现在 几点?

↓

7:40

11:50

2:00

5:15

2) 父亲节 是 几月几号?

父亲节 ↓	几月几号 ↓
我的生日	9月1号
圣诞节	12月25号
今天	5月3号
明天	6月18号

3) 有时候 去图书馆看书, 有时候 去咖啡厅做作业。

去图书馆看书 ↓	去咖啡厅做作业 ↓
在教室上课	在图书馆学习
去书店买书	去商店买东西
在家休息	在操场做运动

4) 我想跟你一起去买父母节礼物。

↓

去中国旅游

去看电影

喝咖啡

逛街

圣诞节 Shèngdàn Jié 고유 크리스마스

书店 shūdiàn 명 서점

操场 cāochǎng 명 운동장

旅游 lǚ//yóu 동 여행하다

电影 diànyǐng 명 영화

喝 hē 동 마시다

咖啡 kāfēi 명 커피

逛街 guàng//jiē 동 쇼핑하다

2. 다음 빈칸을 채워 보세요.

• 나의 하루

________起床, ________吃早饭, ________上学, ________吃午饭,

________放学, ________吃晚饭, ________睡觉。

起床 qǐ//chuáng 동 (잠자리에서) 일어나다
早饭 zǎofàn 명 아침 식사
放学 fàng//xué 동 하교하다
睡觉 shuì//jiào 동 (잠을) 자다

3. 다음 대화를 완성해 보세요.

1) A: 现在几点? B: ________________。

2) A: 星期三你有几节课? B: ________________。

3) A: 晚上回家以后你都做什么? B: ________________。

4) A: ________________? B: 我的生日是8月29号。

5) A: 星期六你有空吗? B: ________________。

回家 huí//jiā 동 집으로 돌아가다(오다), 귀가하다

4. 녹음을 듣고 질문에 대답해 보세요.

1) 她星期几没有课?

____

2) 星期一她几点有课?

____

最 zuì 부 가장
为什么 wèishénme 대 무엇 때문에, 왜

3) 她星期几课最多?

____

4) 她星期五为什么没时间吃午饭?

____

5. 다음 표현을 연습해 보세요.

1) 달력을 보고 질문에 대답해 보세요.

8월

월	화	수	목	금	토	일
11	12	13	14	15	16	17
그저께	어제	오늘	내일	모레		내생일

① 今天星期几? ______________

② 昨天星期几? ______________

③ 明天几月几号? ______________

④ 后天是六月十六号吗? ______________

⑤ 前天是星期二吗? ______________

⑥ 我的生日是几月几号? ______________

昨天 zuótiān 명 어제
前天 qiántiān 명 그저께

2) 그림을 보고 대화를 완성해 보세요.

①

②

③

④

A: 现在几点?

B: ______________________________

① 8:00

起床

② 8:30

吃早饭

③ 6:15

下课

④ 11:55

睡觉

A: 你几点______________________________?

B: ______________________________

문화

■ 중국의 연애문화 연인들을 위한 날! 중국의 情人节

중국에는 연인들을 위한 다양한 기념일(情人节)들이 있다. 이날은 연인들을 위한 날일 뿐 아니라 각종 상업적 이벤트와 프로모션이 진행되는 날이기도 하다. 이 기념일들은 각기 다른 유래를 가지고 있다. 한 가지는 2월 14일 발렌타인데이(Valentaine's Day)와 함께 매월의 '14일'마다 특정한 테마로 情人节를 설정한 것이다. 이들은 2月14日情人节, 3月14日情人节처럼 '날짜 + 情人节'로 불리기도 白色情人节(White Day, 3月14日), 黑色情人节(Black Day, 4月14日)처럼 '테마 + 情人节'로 불리기도 한다. 또 한 가지는 중국의 전통적인 유래를 가진 情人节로, 음력 7월 7일인 七夕节가 대표적이다. 이는 우리에게는 견우와 직녀로 익숙한 牛郎과 织女 사이의 이야기에 바탕을 둔 절기로, 중국 젊은이들 사이에서도 중요하게 여겨진다. 마지막으로 인터넷에서 유행한 情人节가 있다. 5월 20일이 대표적으로, 이는 520의 발음 [wǔ èr líng]이 我爱你 [Wǒ ài nǐ]와 비슷하기 때문이다. 이런 식으로 520은 다른 숫자와 같이 쓰여 간단한 애정표현으로 사용되는데, 예를 들어 5201314는 我爱你一生一世라는 뜻이다.

第十课

Dì-shí kè

10

百货商店怎么走?

Bǎihuò shāngdiàn zěnme zǒu?

学习目标

1 길을 묻고 답할 수 있다.

2 선택의문문을 활용할 수 있다.

3 가정을 나타내는 복문을 활용할 수 있다.

4 동사 중첩을 활용할 수 있다.

重点句型

1 走着去，还是坐车去？

Zǒuzhe qù, háishi zuò chē qù?

2 我去问问那位阿姨吧。

Wǒ qù wènwen nà wèi āyí ba.

3 要是不堵车的话，大概半个小时就到了。

Yàoshi bù dǔchē dehuà, dàgài bàn ge xiǎoshí jiù dào le.

4 百货商店怎么走？

Bǎihuò shāngdiàn zěnme zǒu?

5 要先坐六号线到石溪站，然后再换乘一号线。

Yào xiān zuò liù hào xiàn dào Shíxī Zhàn, ránhòu zài huànchéng yī hào xiàn.

生词(一)

附近 fùjìn	명 부근, 근처
百货商店 bǎihuò shāngdiàn	명 백화점
怎么 zěnme	대 어떻게, 어째서, 왜
走 zǒu	동 걷다, 가다, 떠나다
着 zhe	조 …하면서, …한 채로
还是 háishi	접 또는, 아니면 부 …하는 편이 (더) 좋다
远 yuǎn	형 멀다
打的 dǎ//dī	동 택시를 타다
贵 guì	형 비싸다, 귀하다
坐 zuò	동 (탈 것에) 타다, 앉다
公共汽车 gōnggòng qìchē	명 버스 = 公交车 gōngjiāochē
要是 yàoshi	접 만약 …이라면
堵车 dǔ//chē	동 교통이 꽉 막히다
的话 dehuà	조 …하다면, …이라면
大概 dàgài	부 아마, 대개
小时 xiǎoshí	명 시간
到 dào	동 도달하다, 도착하다
地铁 dìtiě	명 지하철
直达 zhídá	동 곧바로 가다. 직통하다. 직행하다.
要 yào	조동 …해야 한다
线 xiàn	명 (교통) 노선
然后 ránhòu	접 연후에, 그런 후에
换乘 huànchéng	동 갈아타다
石溪站 Shíxī Zhàn	고유 석계역

会话(一)

星期六下午 Xīngqīliù xiàwǔ

李正民 咱们去哪儿买礼物?

Zánmen qù nǎr mǎi lǐwù?

金惠琳 去附近的百货商店买吧。

Qù fùjìn de bǎihuò shāngdiàn mǎi ba.

李正民 好啊! 那咱们怎么去? 走着去, 还是坐车去?

Hǎo a! Nà zánmen zěnme qù? Zǒuzhe qù, háishi zuò chē qù?

金惠琳 走着去太远，打的有点儿贵，坐公共汽车去吧！

Zǒuzhe qù tài yuǎn, dǎdī yǒudiǎnr guì, zuò gōnggòng qìchē qù ba!

要是不堵车的话，大概半个小时就到了。

Yàoshi bù dǔchē dehuà, dàgài bàn ge xiǎoshí jiù dào le.

李正民 坐公共汽车人太多了，坐地铁去怎么样？

Zuò gōnggòng qìchē rén tài duō le, zuò dìtiě qù zěnmeyàng?

金惠琳 地铁没有直达的，要先坐六号线到石溪站，然后再换乘一号线。

Dìtiě méiyǒu zhídá de, yào xiān zuò liù hào xiàn dào Shíxī Zhàn, ránhòu zài huànchéng yī hào xiàn.

李正民 那还是坐公共汽车吧。公共汽车有直达的。

Nà háishi zuò gōnggòng qìchē ba. Gōnggòng qìchē yǒu zhídá de.

生词(二)

没(有) méi(·yǒu)	부 …않다. [완료된 경험 ·행위 ·사실 따위를 부정]	终于 zhōngyú	부 마침내, 결국, 끝내, 드디어
知道 zhī·dào	동 알다, 이해하다	赶紧 gǎnjǐn	부 서둘러, 급히, 재빨리
阿姨 āyí	명 아주머니	进去 jìn//·qù	동 들어가다
行人 xíngrén	명 행인	次 cì	양 번, 회, 차례
一直 yīzhí	부 곧장, 곧바로	以前 yǐqián	명 이전
往 wǎng	전 …쪽으로, …(를) 향해	经常 jīngcháng	부 자주, 늘
路口(儿) lùkǒu(r)	명 갈림길, 길목	但 dàn	접 그러나, 그렇지만
左 zuǒ	명 왼쪽	路痴 lùchī	명 길치
拐 guǎi	동 방향을 바꾸다, 꺾어 돌다	从小 cóngxiǎo	부 어릴 때부터
就是 jiùshì	조 (…면) 된다, 그 뿐이다	记 jì	동 기억하다, 암기하다
离 lí	개 …로부터, …까지	路 lù	명 길, 도로 (버스) 노선
红绿灯 hóng-lǜdēng	명 (교통) 신호등	哈哈 hāha	의 하하 [웃음 소리]
家 jiā	양 [가정, 가게, 기업 따위를 세는 단위]	星巴克 Xīngbākè	고유 스타벅스

会话(二)

在百货商店附近 Zài bǎihuò shāngdiàn fùjìn

李正民 惠琳, 百货商店在哪儿? 怎么还没到呢?
Huìlín, bǎihuò shāngdiàn zài nǎr? Zěnme hái méi dào ne?

金惠琳 我也不知道, 我去问问那位阿姨吧。
Wǒ yě bù zhīdào, wǒ qù wènwen nà wèi āyí ba.

李正民 好。
Hǎo.

金惠琳 阿姨, 您好! 请问, 百货商店怎么走?
Āyí, nín hǎo! Qǐngwèn, bǎihuò shāngdiàn zěnme zǒu?

行人 一直往前走, 到第二个路口往左拐就是。离这儿不远。
Yìzhí wǎng qián zǒu, dào dì-èr ge lùkǒu wǎng zuǒ guǎi jiùshì. Lí zhèr bù yuǎn.

金惠琳 是第二个红绿灯那儿吗?
Shì dì-èr ge hóng-lǜdēng nàr ma?

行人 是的, 那个路口有一家星巴克, 就在星巴克那儿往左拐。
Shì de, nà ge lùkǒu yǒu yì jiā Xīngbākè, jiù zài Xīngbākè nàr wǎng zuǒ guǎi.

金惠琳 哦，我明白了，谢谢阿姨！
Ò, wǒ míngbai le, xièxie āyí!

行人 没事儿。
Méi shìr.

在第二个路口 Zài dì-èr ge lùkǒu

李正民 你看，前面左拐就是百货商店。
Nǐ kàn, qiánmiàn zuǒ guǎi jiù shì bǎihuò shāngdiàn.

金惠琳 是啊！终于到了，咱们赶紧进去吧。
Shì a! Zhōngyú dào le, zánmen gǎnjǐn jìnqù ba.

李正民 你第一次来这儿吗？
Nǐ dì-yī cì lái zhèr ma?

金惠琳 不，我以前经常来。
Bù, wǒ yǐqián jīngcháng lái.
但我是一个路痴，
Dàn wǒ shì yí ge lùchī,
从小不记路，哈哈！
cóngxiǎo bú jì lù, hāha!

重点语法

1. 走着去, 还是坐车去?

두 개 이상의 사항 중 어느 하나를 선택할 것인가를 물을 때, 접속사 '还是'를 사용한다. 이와 같은 'A还是B?' 형태의 선택의문문에서 접속사 '还是'는 '또는', '아니면'의 뜻으로 쓰인다.

你喜欢吃肉, 还是喜欢吃鱼?
Nǐ xǐhuan chī ròu, háishi xǐhuan chī yú?

你上午去, 还是下午去?
Nǐ shàngwǔ qù, háishi xiàwǔ qù?

你去, 还是他去?
Nǐ qù, háishi tā qù?

喜欢 xǐhuan 동 좋아하다
肉 ròu 명 고기
鱼 yú 명 물고기

접속사 '或者'도 '…이 아니면 …이다'의 선택 의미를 나타낸다. 그러나 '还是'가 의문문에만 쓰일 수 있는 것과 달리 '或者'는 평서문에만 사용된다.

你去或者我去都可以。
Nǐ qù huòzhě wǒ qù dōu kěyǐ.

明天或者后天, 我都有空。
Míngtiān huòzhě hòutiān, wǒ dōu yǒu kòng.

한편 '还是'는 부사로도 사용되는데, "那还是坐公共汽车去吧。"에서 '还是'는 '그래도(역시) …하는 편이 (더) 좋다'의 의미를 나타낸다.

我认识他, 还是我去说吧。
Wǒ rènshi tā, háishi wǒ qù shuō ba.

我看, 你还是回家吧。
Wǒ kàn, nǐ háishi huíjiā ba.

认识 rènshi 동 알다

2. 走着去太远。

'着'는 첫 번째 동사 뒤에서 두 번째 동사가 나타내는 동작의 수단이나 방식을 나타낸다.

她躺着看书。
Tā tǎngzhe kànshū.

小孩子哭着叫妈妈。
Xiǎoháizi kūzhe jiào māma.

老师站着讲课，学生坐着听课。
Lǎoshī zhànzhe jiǎngkè, xuéshēng zuòzhe tīngkè.

躺 tǎng 동 눕다
小孩子 xiǎoháizi 명 아이(=小孩儿 xiǎoháir)
哭 kū 동 울다
叫 jiào 동 부르짖다
站 zhàn 동 서다
讲课 jiǎng//kè 동 강의하다

3. 要是不堵车的话，大概半个小时就到了。

'要是…的话'는 '만약…이라면'의 뜻으로 가설이나 조건을 나타내며, '要是' 대신에 '如果'를 사용할 수 있다. 또한 '要是'/'如果'와 '…的话' 중에서 어느 하나를 생략할 수도 있다.

(要是)我有钱(的话)，就去买一辆车。
(Yàoshi) wǒ yǒu qián (dehuà), jiù qù mǎi yí liàng chē.

(要是)你去便利店(的话)，帮我买一瓶饮料。
(Yàoshi) nǐ qù biànlìdiàn (dehuà), bāng wǒ mǎi yì píng yǐnliào.

(如果)有机会(的话)，我一定要去中国。
(Rúguǒ) yǒu jīhuì (dehuà), wǒ yídìng yào qù Zhōngguó.

(如果)明天不下雨(的话)，咱们就去逛街吧。
(Rúguǒ) míngtiān bú xiàyǔ (dehuà), zánmen jiù qù guàngjiē ba.

钱 qián 명 돈, 화폐
辆 liàng 양 대 [차량을 세는 단위]
车 chē 명 차
帮 bāng 동 돕다, 거들어 주다
瓶 píng 양 병 [병을 세는 단위]
饮料 yǐnliào 명 음료
如果 rúguǒ 접 만약
机会 jī·huì 명 기회
下雨 xià//yǔ 동 비가 내리다(오다)

4. 要先坐六号线到石溪站，然后再换乘一号线。

조동사 '要'는 '…해야 한다'는 당위의 뜻을 나타낸다. 이때 부정은 '…할 필요가 없다'는 뜻의 '不用'을 사용한다.

这个学期我一定要努力学习!
Zhè ge xuéqī wǒ yídìng yào nǔlì xuéxí!

A: 明天我也要去吗?
Míngtiān wǒ yě yào qù ma?

B: 你不用去。
Nǐ búyòng qù.

'不要'는 '…하지 마라'의 뜻이 돼요.

不用 bùyòng 동 …할 필요가 없다
努力 nǔlì 동 노력하다

5. 你问问他吧。

동사의 중첩은 AA 또는 ABAB로 하며, '…해 보다'와 같은 시도의 의미를 전달하거나 '잠깐…하다'와 같은 짧은 시간 동안의 동작이나 행위를 표현한다. 명령문에 사용될 경우, 보다 완곡한 어기를 전달한다. 중첩되는 두 번째 A와 AB의 B는 경성으로 읽는다. AA의 경우 중첩한 동사 사이에 '一'를 삽입하거나, 중첩 형식 뒤에 '看'을 추가하기도 한다.

	AA/ABAB	A一A	AA看
试 shì	试试 shìshi	试一试 shì yi shì	试试看 shìshi kàn
听 tīng	听听 tīngting	听一听 tīng yi tīng	听听看 tīngting kàn
休息 xiūxi	休息休息 xiūxi xiūxi	–	–
学习 xuéxí	学习学习 xuéxi xuéxi	–	–

试 shì 동 시도하다, 시험 삼아 해 보다
件 jiàn 양 벌, 건 [옷, 일 등을 세는 단위]
衣服 yīfu 명 옷

这件衣服, 你试试/试一试/试试看。
Zhè jiàn yīfu, nǐ shìshi/ shì yi shì/ shìshi kàn.

'看'은 명령의 어기를 완곡하게 해 줘요.

你先休息休息, 我们明天再说吧。
Nǐ xiān xiūxi xiūxi, wǒmen míngtiān zài shuō ba.

练习

1. 교체 연습

1) 先 坐六号线到石溪站, 然后再换乘一号线。

↓	↓
吃饭	看电视
喝水	吃面包
休息休息	洗衣服
去图书馆借书	回家做作业

水 shuǐ 명 물
面包 miànbāo 명 빵

2) 要是 不堵车 的话, 大概半个小时就到了。

↓	↓
你有时间	帮我买点儿吃的
你不介意	我就穿你的衣服
你愿意	我们一起去看电影, 好吗?

介意 jiè//yì 동 개의하다 [주로 부정사 뒤에 쓰임]
穿 chuān 동 입다
愿意 yuànyì 조동 바라다, 희망하다

3) 百货商店 在哪儿?

↓

书店

图书馆

机场

车站

4) 人 太 多 了!

↓	↓
这本书	有意思
我的听力	差
这个手机	贵
我们	感谢您

机场 jīchǎng 명 공항, 비행장
车站 chēzhàn 명 정류장, 정거장
差 chà 형 부족하다, 나쁘다
手机 shǒujī 명 휴대전화
感谢 gǎnxiè 동 감사하다

2. 다음 단어를 사용하여 문장을 만들어 보세요.

1) 不堵车 / 的话 / 就 / 大概 / 要是 / 半个小时 / 了 / 到

____

2) 去 / 吧 / 百货商店 / 买 / 咱们 / 还是

____

3) 往前 / 到了 / 走 / 左拐 / 往 / 第一个 / 一直 / 路口 / 就是

____

4) 一号线 / 要 / 先 / 到 / 换乘 / 石溪站 / 六号线 / 再 / 坐 / 然后

____

5) 经常 / 我 / 去 / 以前 / 那里 / 吃饭

____

3. 틀린 문장을 바르게 고쳐 보세요.

1) 走着去, 或者坐车去? ______________________________。

2) 那路口有一家星巴克。 ______________________________。

3) 我问问去那位阿姨吧。 ______________________________。

4) 我有钱如果的话, 就去买一辆车。 ______________________________。

5) 他躺看着书。 ______________________________。

4. 다음 대화를 완성해 보세요.

1) A: 从高丽大学到明洞＿＿＿＿＿＿＿＿?

B: 这边没有去明洞的公交车, 你坐＿＿＿＿＿＿＿＿吧。

2) A: 请问, 这附近有地铁站吗?

B: 有, 你一直往前走, ＿＿＿＿＿＿＿＿十字路口往右拐就是。

3) A: 从这儿到市政府打车去的话, 要多长时间?

B: ＿＿＿＿＿＿不堵车的话, 大概＿＿＿＿＿＿一个小时。

5. 자신의 상황에 맞게 대답해 보세요.

1) 你家离学校远吗?

＿＿＿＿＿＿＿＿＿＿＿＿＿＿＿＿＿＿＿＿＿＿＿＿＿＿

2) 你走着上学, 还是坐车上学?

＿＿＿＿＿＿＿＿＿＿＿＿＿＿＿＿＿＿＿＿＿＿＿＿＿＿

3) 从你家到学校坐车要多长时间?

＿＿＿＿＿＿＿＿＿＿＿＿＿＿＿＿＿＿＿＿＿＿＿＿＿＿

4) 你家附近有地铁站吗?

＿＿＿＿＿＿＿＿＿＿＿＿＿＿＿＿＿＿＿＿＿＿＿＿＿＿

明洞 Míngdòng 고유 명동

这边 zhè·biān 대 이쪽, 이곳

十字路口(儿) shízì lùkǒu(r) 명 사거리

右 yòu 명 오른쪽

市政府 shì zhèngfǔ 명 시청

打车 dǎ chē (우버, 디디 등) 차를 불러 타다, 택시를 타다

长 cháng 형 (시간, 길이가) 길다

11

第十一课
Dì-shíyī kè

您要买什么?
Nín yào mǎi shénme?

学习目标

1 중국어로 가격을 묻고 물건을 살 수 있다.

2 다양한 숫자 표현을 실생활에 활용할 수 있다.

3 이중목적어 구문을 활용할 수 있다.

重点句型

1 我要买这两件运动服，你觉得怎么样？

Wǒ yào mǎi zhè liǎng jiàn yùndòngfú, nǐ juéde zěnmeyàng?

2 我们好不容易才来一趟，顺便逛逛吧！

Wǒmen hǎobùróngyì cái lái yí tàng, shùnbiàn guàngguang ba!

3 这双鞋我一看就觉得非常适合你。

Zhè shuāng xié wǒ yí kàn jiù juéde fēicháng shìhé nǐ.

4 我可以付现金吗？

Wǒ kěyǐ fù xiànjīn ma?

5 找您四十六块。

Zhǎo nín sìshíliù kuài.

生词(一)

要 yào	조동 …하려고 하다	正好 zhènghǎo	부 마침, 때마침
运动服 yùndòngfú	명 운동복	双 shuāng	양 켤레 [짝을 이룬 물건을 세는 단위]
觉得 juéde	동 여기다, 생각하다	运动鞋 yùndòngxié	명 운동화
颜色 yánsè	명 색깔	款式 kuǎnshì	명 격식, 양식, 스타일, 디자인
质量 zhìliàng	명 품질	店 diàn	명 상점, 가게
不错 bùcuò	형 좋다, 괜찮다	眼光 yǎnguāng	명 안목, 견식
会 huì	조동 …할 것이다 [추측, 예정을 나타냄]	特别 tèbié	부 특히, 각별히, 아주
的 de	조 [평서문 끝에 쓰여 긍정, 확정의 어기를 나타냄]	流行 liúxíng	동 유행하다
需要 xūyào	동 필요하다	大街 dàjiē	명 큰길, 대로
好(不)容易 hǎo(bù)róngyì	부 가까스로	到处 dàochù	명 도처, 이르는 곳, 가는 곳, 곳곳
才 cái	부 비로소, 겨우	广告 guǎnggào	명 광고, 선전
趟 tàng	양 번, 차례 [왕래하는 횟수를 나타내는 단위]	怪 guài	형 이상하다
顺便 shùnbiàn	부 …하는 김에	怪不得 guàibude	부 어쩐지
逛 guàng	동 거닐다, 구경하다	适合 shìhé	동 적합(부합)하다, 알맞다, 적절하다
主意 zhǔyi	명 아이디어 [구어로는 zhúyi로도 읽음]		

会话(一)

在百货商店 Zài bǎihuò shāngdiàn

金惠琳　我要买这两件运动服，你觉得怎么样？
Wǒ yào mǎi zhè liǎng jiàn yùndòngfú, nǐ juéde zěnmeyàng?

李正民　这两件衣服的颜色和质量都不错，你爸爸、妈妈一定会喜欢的。
Zhè liǎng jiàn yīfu de yánsè hé zhìliàng dōu búcuò, nǐ bàba、māma yídìng huì xǐhuan de.

金惠琳 那我就买这两件。

Nà wǒ jiù mǎi zhè liǎng jiàn.

你没有需要买的吗？我们好不容易才来一趟，顺便逛逛吧。

Nǐ méiyǒu xūyào mǎi de ma? Wǒmen hǎobùróngyì cái lái yí tàng, shùnbiàn guàngguang ba.

李正民 好主意，正好我想买一双运动鞋。

Hǎo zhǔyi, zhènghǎo wǒ xiǎng mǎi yì shuāng yùndòngxié.

金惠琳 你想买什么款式的？

Nǐ xiǎng mǎi shénme kuǎnshì de?

李正民 咱们去看看这家店，怎么样？

Zánmen qù kànkan zhè jiā diàn, zěnmeyàng?

金惠琳 你眼光真不错！这家店的鞋今年特别流行。

Nǐ yǎnguāng zhēn búcuò! Zhè jiā diàn de xié jīnnián tèbié liúxíng.

李正民 大街上到处都是广告，不知道才怪！

Dàjiē shang dàochù dōu shì guǎnggào, bù zhīdào cái guài!

金惠琳 怪不得！你试一下这双吧。这双鞋我一看就觉得非常适合你。

Guàibude! Nǐ shì yíxià zhè shuāng ba. Zhè shuāng xié wǒ yí kàn jiù juéde fēicháng shìhé nǐ.

李正民 好。

Hǎo.

生词(二)

市场 shìchǎng	명 시장	行 xíng	동 괜찮다, 좋다
售货员 shòuhuòyuán	명 판매원	包 bāo	양 봉지
水果 shuǐguǒ	명 과일	湿巾 shījīn	명 물티슈
些 xiē	양 조금, 약간 [명사 앞에서 불확실한 양을 표시함]	听 tīng	양 캔
新鲜 xīn·xiān	형 신선하다, 싱싱하다	可乐 kělè	명 콜라
草莓 cǎoméi	명 딸기	哦 ó	감 어? [반신반의를 나타냄]
刚刚 gānggāng	부 방금, 막	搞 gǎo	동 하다, 실시하다
上市 shàng//shì	동 출시하다	活动 huódòng	명 행사, 활동, 운동
尝 cháng	동 맛보다	打折 dǎ//zhé	동 할인하다
甜 tián	형 달다	送 sòng	동 주다, 선물하다, 증정하다
斤 jīn	양 근 [무게 단위, 1근=500g]	运气 yùnqi	명 운세, 운명
块 kuài	양 원 [화폐 단위]	给 gěi	동 (…에게) 주다
要 yào	동 원하다	找 zhǎo	동 거슬러 주다
(支)付 (zhī)fù	동 지불하다	欢迎 huānyíng	동 환영하다
用 yòng	동 쓰다, 사용하다	下次 xiàcì	명 다음 번
微信 Wēixìn	명 위챗 [중국의 메신저 프로그램]	光临 guānglín	명 동 왕림(하다) [존칭·존댓말]
扫(码) sǎo(//mǎ)	동 (큐알코드를) 스캔하다		

会话(二)

在市场 Zài shìchăng

售货员 您要买什么水果?
Nín yào măi shénme shuĭguŏ?

金惠琳 今天哪些水果比较新鲜?
Jīntiān năxiē shuĭguŏ bĭjiào xīnxiān?

售货员 今天草莓刚刚上市, 特别新鲜, 您尝尝。
Jīntiān căoméi gānggāng shàngshì, tèbié xīnxiān, nín chángchang.

金惠琳 真甜! 多少钱一斤?
Zhēn tián! Duōshao qián yì jīn?

售货员 一斤二十五块钱, 三斤七十块。
Yì jīn èrshíwŭ kuài qián, sān jīn qīshí kuài.

金惠琳 我要三斤。
Wŏ yào sān jīn.

售货员 好的。您要怎么支付?
Hăo de. Nín yào zĕnme zhīfù?

물건 가격을 물을 때
'多少钱(얼마예요?)' 외에도 '怎么卖(어떻게 팔아요?)'를 사용할 수 있어요.

卖 mài 동 팔다, 판매하다

金惠琳 我用微信支付，扫哪儿？
Wǒ yòng Wēixìn zhīfù, sǎo nǎr?

售货员 您扫这儿就行。
Nín sǎo zhèr jiù xíng.

在便利店 Zài biànlìdiàn

售货员 一包湿巾、三听可乐和两包饼干一共五十四块钱。
Yì bāo shījīn、sān tīng kělè hé liǎng bāo bǐnggān yígòng wǔshísì kuài qián.

金惠琳 哦？不是六十吗？
Ó? Bú shì liùshí ma?

售货员 今天我们店搞活动，湿巾打九折，可乐买二送一。
Jīntiān wǒmen diàn gǎo huódòng, shījīn dǎ jiǔ zhé, kělè mǎi èr sòng yī.

金惠琳 哇！今天运气真好！我可以付现金吗？
Wā! Jīntiān yùnqi zhēn hǎo! Wǒ kěyǐ fù xiànjīn ma?

售货员 可以。
Kěyǐ.

金惠琳 给您一百。
Gěi nín yìbǎi.

售货员 找您四十六块。欢迎下次光临。
Zhǎo nín sìshíliù kuài. Huānyíng xiàcì guānglín.

重点语法

1. 我要买这两件运动服, 你觉得怎么样?

조동사 '要'는 '…하려고 하다'는 뜻으로, 화자의 바람과 의지를 나타낸다. 부정은 '…하고 싶지 않다'라는 뜻의 '不想'을 사용한다.

明年我一定要去中国旅游。
Míngnián wǒ yídìng yào qù Zhōngguó lǚyóu.

A: 下课以后我要去逛街, 你要一起去吗?
Xiàkè yǐhòu wǒ yào qù guàngjiē, nǐ yào yìqǐ qù ma?

B: 我不想去, 我要回家休息。
Wǒ bù xiǎng qù, wǒ yào huíjiā xiūxi.

明年 míngnián 명 내년

2. 我们好不容易才来一趟。

'才'는 말하는 동작이나 일, 상황의 발생이 느리거나 순조롭지 못하게 이루어졌다는 화자의 판단 혹은 느낌을 표현한다. 이와 반대로 빠르거나 순조롭게 일어났다는 판단이나 느낌을 표현할 때는 '就'를 사용한다.

两点上课, 她一点半就来了。
Liǎng diǎn shàngkè, tā yī diǎn bàn jiù lái le.

两点上课, 他两点五分才来。
Liǎng diǎn shàngkè, tā liǎng diǎn wǔ fēn cái lai.

'好不容易'는 '好容易'라고도 할 수 있는데, '가까스로', '어렵게'의 뜻이다. 일반적으로 부사어로 사용되어 어떤 일을 하는 데 있어 어렵지만 결국 완성했음을 나타낸다. 주로 뒤에 '才'가 함께 쓰인다.

他的自行车坏了，好不容易才修好。
Tā de zìxíngchē huài le, hǎobùróngyì cái xiūhǎo.

我好不容易才明白这句话的意思。
Wǒ hǎobùróngyì cái míngbai zhè jù huà de yìsi.

自行车 zìxíngchē 명 자전거
坏 huài 형 고장나다
修好 xiū//hǎo 동 (수리하여 원 상태로) 복원하다, 복구하다
句 jù 양 마디 [말·글의 수를 세는 단위]
话(儿) huà(r) 명 말

3. 这双鞋我一看就觉得非常适合你。

'一…就…' 형식은 '…하자마자 곧 …하다'의 뜻으로 곧바로 연이어 발생하는 두 상황을 나타내거나, '…하기만 하면 …하다'와 같이 조건 및 그에 따른 결과를 나타낸다.

他昨天一回家就睡觉了。
Tā zuótiān yì huíjiā jiù shuìjiào le.

我和他一见面就吵架。
Wǒ hé tā yí jiànmiàn jiù chǎojià.

吵架 chǎo//jià 동 다투다, 말다툼하다

4. 我可以付现金吗?

'可以'는 허락/허가를 나타내는 조동사로, 부정 형식은 '不可以', '不能'을 사용한다. 질문에 대해 '不行'으로 대답할 수도 있다.

我们可以休息一会儿吗?
Wǒmen kěyǐ xiūxi yíhuìr ma?

A: 这里可以吸烟吗?
Zhèli kěyǐ xīyān ma?

B: 这里不可以吸烟。/这里不能吸烟。
Zhèli bù kěyǐ xīyān./Zhèli bù néng xīyān.

A: 我可以明天交作业吗?
Wǒ kěyǐ míngtiān jiāo zuòyè ma?

B: 不行。
Bù xíng.

能 néng 조동 할 수 있다, 해도 된다
吸烟 xī//yān 동 담배를 피우다
交 jiāo 동 제출하다

5. 找您四十六块。

'找'는 간접목적어(사람)와 직접목적어(사물)를 동시에 가질 수 있는 이중목적어동사(双宾动词 shuāngbīn dòngcí)이다. '送', '给', '教', '告诉', '借', '还' 등도 이에 해당한다.

我送他一本书。
Wǒ sòng tā yì běn shū.

他给我两个苹果。
Tā gěi wǒ liǎng ge píngguǒ.

张老师教我们汉语。
Zhāng lǎoshī jiāo wǒmen Hànyǔ.

告诉 gàosu 동 알리다
还 huán 동 돌려주다
苹果 píngguǒ 명 (과일) 사과

숫자 활용법

■ 전화번호 읽기

중국어로 전화번호를 읽을 때에는 각각의 숫자를 차례로 읽으면 된다. 이때 숫자 '1'은 'yī'가 아닌 'yāo'로 읽는다.

18653250139	一八六 五三二五 零一三九	yāo bā liù wǔ sān èr wǔ líng yāo sān jiǔ
010-4550-1818	零一零 四五五零 一八一八	líng yāo líng sì wǔ wǔ líng yāo bā yāo bā
02-3290-2120	零二 三二九零 二一二零	líng èr sān èr jiǔ líng èr yāo èr líng

■ 버스, 지하철 노선, 항공 편명 읽기

중국어로 버스 노선은 숫자 뒤에 '路(번)'를 붙여 읽는다. 번호가 두 자리 수 이하이면 일반적인 숫자와 동일하게 읽고, 세 자리 수 이상이면 각각의 숫자를 하나씩 읽는다. 이때 '1'은 'yāo'로 읽어야 한다. 지하철과 항공 편명도 전화번호와 동일하게 읽으나 지하철 1호선은 'hào xiàn'으로 읽는다.

12	十二路公交车	shí'èr lù gōngjiāochē	201	二零一路公交车	èr líng yāo lù gōngjiāochē
6호선	六号线	liù hào xiàn	MU560	MU五六零次航班	MU wǔ liù líng cì hángbān

路 lù 명 번 [버스 노선에 사용]
次 cì 명 번 [항공, 열차 편명에 사용]
航班 hángbān 명 항공편

■ 화폐 읽는 법

중국 화폐(人民币 Rénmínbì)의 기본 단위는 '元, 角, 分'이다. 구어에서는 '块, 毛, 分'으로 읽으며, 마지막 단위를 생략할 수 있다.

8.46元	八块四毛六(分)	bā kuài sì máo liù (fēn)
50.30元	五十块三(毛)	wǔshí kuài sān (máo)
685元	六百八十五(块)	liùbǎi bāshíwǔ (kuài)

'零'을 읽는 법은 화폐에도 똑같이 적용되며, '毛' 단위에도 적용된다.

8002.07元 八千零两块零七 bāqiān líng liǎng kuài líng qī

'2'를 읽을 경우, '块, 毛' 단위에는 '两'으로, '分'의 단위에는 '二'로 읽고, 단위를 생략할 때는 모두 '二'로 읽는다.

2元	两块	liǎng kuài	3.2元	三块两毛	sān kuài liǎng máo	三块二	sān kuài èr
0.2元	两毛	liǎng máo	0.32元	三毛二分	sān máo èr fēn	三毛二	sān máo èr
0.02元	二分	èr fēn					

元 yuán 양 [중국의 화폐 단위, 1元=1块]
角 jiǎo 양 [중국의 화폐 단위, 1角=0.1元]
分 fēn 양 [중국의 화폐 단위, 1分=0.01元]
毛 máo 양 [중국의 화폐 단위, 1毛=1角 (구어)]

练习

1. 교체 연습

1) 草莓 多少钱 一斤?

↓	↓
汉语课本	一本
雪碧	一听
皮鞋	一双
这件衣服	一件

2) 我 给 他 一百块。

↓	↓
送	几本书
借	两千块钱
告诉	一件事
教	英语

3) 我可以付现金吗?

↓

去你家玩儿 / 在这儿做作业 / 用你的笔 / 请你吃饭

2. 다음 단어를 사용하여 문장을 만들어 보세요.

1) 留学 / 去 / 我 / 中国 / 决定 / 明年

____

2) 好不容易 / 我们 / 一趟 / 逛逛 / 顺便 / 吧 / 出来

____

雪碧 Xuěbì 고유 스프라이트
皮鞋 píxié 명 가죽 구두
玩(儿) wán(r) 동 놀다
请 qǐng 동 초대하다, 한턱내다

3) 件 / 一共 / 衣服 / 这 / 多少钱 / 三

____

4) 我 / 就 / 一 / 回家 / 每天 / 晚上 / 睡觉

____

5) 您 / 找 / 四十六 / 块

____

留学 liú//xué 동 유학하다
决定 juédìng 동 결정하다
每天 měitiān 명 매일

3. 틀린 문장을 바르게 고쳐 보세요.

1) 好主意, 我想买一双运动鞋正好。

____

2) 今天刚刚草莓上市, 特别新鲜。

____

3) 你想买什么的款式?

____

4) 今年这店的鞋非常流行。

____

5) 饼干打折九，雪碧送一买二。

____

4. 그림을 보고 다음 표현을 연습해 보세요.

1) A: 草莓 多少钱 一斤 ?

B: 草莓25块钱一斤 。

①

9.50元/斤

②

8.80元/斤

③

30.00元/斤

④

6.20元/斤

2) A: 这双鞋 现在 搞活动吗?

B: 这双鞋 现在 打9折，很合算。

① 买一送一

上衣

② 打8折

超市

西瓜 xīguā 명 (과일) 수박

山竹 shānzhú 명 (과일) 망고스틴

香蕉 xiāngjiāo 명 (과일) 바나나

合算 hé//suàn 동 수지가 (채산이) 맞다

上衣 shàngyī 명 상의

超市 chāoshì 명 슈퍼마켓

③ 送购物券

运动服

④ 满300减50

皮鞋

购物券 gòuwùquàn 명 상품권
满 mǎn 동 꽉 채우다
减 jiǎn 동 빼다, 감하다

5. 녹음을 듣고 다음 질문에 대답해 보세요.

1) 金惠琳跟谁一起去买东西?

____

2) 他们到了百货商店以后, 先去试什么了?

____

3) 他们最后决定买什么?

____

4) 他们买的东西怎么样?

____

最后 zuìhòu 명 최후, 맨 마지막
蓝色 lánsè 명 파란색
黑色 hēisè 명 검은색

第十二课

Dì-shí'èr kè

12

我已经买了票了

Wǒ yǐjīng mǎile piào le

学习目标

1 약속을 잡을 수 있다.

2 동태조사 '了'와 어기조사 '了'를 구분하여 활용할 수 있다.

3 시량보어와 동량보어를 활용할 수 있다.

4 동작의 진행을 나타낼 수 있다.

重点句型

1 你等了很久吧?
Nǐ děngle hěn jiǔ ba?

2 我已经买了票了。
Wǒ yǐjīng mǎile piào le.

3 前面有很多人在排队。
Qiánmiàn yǒu hěn duō rén zài páiduì.

4 还有五分钟就要开演了。
Hái yǒu wǔ fēnzhōng jiù yào kāiyǎn le.

5 真不错! 我还想再看一遍。
Zhēn búcuò! Wǒ hái xiǎng zài kàn yí biàn.

生词(一)

找 zhǎo	동 찾다, 찾아 가다, 방문하다
原来 yuánlái	부 원래, 알고 보니
这样 zhèyàng	대 이러하다
考 kǎo	동 시험을 보다
考试 kǎo//shì	동 명 시험을 보다, 시험
完 wán	동 완성하다, 마치다
部 bù	양 편 [영화를 세는 양사]
重新 chóngxīn	부 다시, 거듭, 새롭게, 새로이
上映 shàngyìng	동 상영하다
香港 Xiānggǎng	고유 홍콩
《英雄本色》 Yīngxióng Běnsè	고유 〈영웅본색〉 ['홍콩 느와르' 영화 대표작. 1편과 2편은 우위썬吴宇森 감독 작품, 3편은 2편의 시나리오를 맡았던 쉬커徐克 감독 작품으로 각각 1986년, 1987년, 1989년 개봉하였다]
系列 xìliè	명 시리즈
受 shòu	동 받다
受欢迎 shòu huānyíng	인기를 끌다, 사랑을 받다
已经 yǐjīng	부 이미, 벌써
约 yuē	동 명 약속하다, 약속
电影院 diànyǐngyuàn	명 영화관

会话(一)

李正民 昨天下午我去找你，你不在。

Zuótiān xiàwǔ wǒ qù zhǎo nǐ, nǐ bú zài.

陈红 昨天我去图书馆学习了。

Zuótiān wǒ qù túshūguǎn xuéxí le.

李正民 哦，原来是这样。我想跟你一起去看电影，你什么时候有空？

Ò, yuánlái shì zhèyàng. Wǒ xiǎng gēn nǐ yìqǐ qù kàn diànyǐng, nǐ shénme shíhou yǒu kòng?

陈红 下个星期考完试就可以了。最近哪部电影比较好看？

Xià ge xīngqī kǎowán shì jiù kěyǐ le. Zuìjìn nǎ bù diànyǐng bǐjiào hǎokàn?

李正民 听说，最近重新上映的香港电影《英雄本色》系列很受欢迎。

Tīngshuō, zuìjìn chóngxīn shàngyìng de Xiānggǎng diànyǐng《Yīngxióng Běnsè》xìliè hěn shòu huānyíng.

陈红 太好了！那几部电影我等了很长时间了。星期六怎么样？

Tài hǎo le! Nà jǐ bù diànyǐng wǒ děngle hěn cháng shíjiān le. Xīngqīliù zěnmeyàng?

李正民 星期六不行，星期六我已经有约了。

Xīngqīliù bù xíng, xīngqīliù wǒ yǐjīng yǒu yuē le.

陈红　星期天下午呢?

Xīngqītiān xiàwǔ ne?

李正民　星期天下午一点以后都可以。

Xīngqitiān xiàwǔ yī diǎn yǐhòu dōu kěyǐ.

陈红　那我们星期天下午两点在电影院门口见吧!

Nà wǒmen xīngqītiān xiàwǔ liǎng diǎn zài diànyǐngyuàn ménkǒu jiàn ba!

李正民　好的, 星期天见!

Hǎo de, xīngqītiān jiàn!

生词(二)

啊 à	감 아!, 와! [놀람이나 찬탄의 느낌을 나타냄]
迟到 chídào	동 지각하다
久 jiǔ	형 오래다, 시간이 길다
自助服务机 zìzhù fúwùjī	명 키오스크
快 kuài	부 빨리, 빠르게, 서둘러서
票 piào	명 표
要 yào	조동 …할 것이다
开演 kāiyǎn	동 (연극, 영화 등 공연, 상영을) 시작하다
在 zài	부 …하고 있다 [동사 앞에 쓰여 진행을 나타냄]
排队 pái//duì	동 줄을 서다
果然 guǒrán	부 과연, 역시나, 아니나 다를까
经典 jīngdiǎn	명 형 고전, 명작, 고전적인, 권위 있는
修复版 xiūfùbǎn	명 리마스터링 버전
海报 hǎibào	명 포스터
留 liú	동 남기다
纪念 jìniàn	명 동 기념, 기념하다

会话(二)

在电影院门口 Zài diànyǐngyuàn ménkǒu

陈红 啊，不好意思，我迟到了。你等了很久吧？
À, bù hǎoyìsi, wǒ chídào le. Nǐ děngle hěn jiǔ ba?

李正民 没有。我也刚刚才到。
Méiyǒu. Wǒ yě gānggāng cái dào.

陈红 自助服务机在哪儿？我们快去买票吧。
Zìzhù fúwùjī zài nǎr? Wǒmen kuài qù mǎi piào ba.

李正民 我已经买了票了。
Wǒ yǐjīng mǎile piào le.

陈红 真的？太好了。那我们进去吧。还有五分钟就要开演了。
Zhēn de? Tài hǎo le. Nà wǒmen jìnqù ba. Hái yǒu wǔ fēnzhōng jiù yào kāiyǎn le.

李正民 人真多啊。前面有很多人在排队。
Rén zhēn duō a. Qiánmiàn yǒu hěn duō rén zài páiduì.

陈红 我们也快去排队吧。
Wǒmen yě kuài qù páiduì ba.

看完电影后 Kànwán diànyǐng hòu

陈红　电影真不错！果然是经典。
Diànyǐng zhēn búcuò! Guǒrán shì jīngdiǎn.

李正民　是啊！我还想再看一遍呢。
Shì a! Wǒ hái xiǎng zài kàn yí biàn ne.

陈红　那我们去买张修复版DVD和海报留个纪念吧。
Nà wǒmen qù mǎi zhāng xiūfùbǎn DVD hé hǎibào liú ge jìniàn ba.

李正民　好主意！
Hǎo zhǔyi!

重点语法

1. 你等了很久吧?

'很久'는 '오랫동안'의 뜻이며, 여기서 시량보어(时量补语 shíliàng bǔyǔ)로 쓰였다. 시량보어는 동사 뒤에서 동작이 지속되는 시간의 길이를 나타낸다.

我想了很久, 但还不知道。
Wǒ xiǎngle hěn jiǔ, dàn hái bù zhīdào.

我等了半天, 他还没来。
Wǒ děngle bàntiān, tā hái méi lái.

想 xiǎng 동 생각하다
半天 bàntiān 수량 반나절, 한참 동안

2. 我已经买了票了。

'了'는 뜻과 위치에 따라 동사 뒤에서 완료를 나타내는 동태조사 '了'와 문장 끝에서 변화를 나타내는 어기조사 '了'로 구분할 수 있다.

▪ 동태조사 '了'
동사의 뒤에 쓰여 완료를 나타낸다. 시제에 상관없이 사용할 수 있다. 후속절 없이 'V+了+O'로 사용되는 경우 목적어에 수량 표현 등 관형어가 있어야 문장이 성립된다. 후속절이 있는 경우 목적어 앞에 관형어가 없어도 되며, '…하고 나서 …하다'라는 선후관계를 나타낸다.

我今天喝了两杯咖啡。
Wǒ jīntiān hēle liǎng bēi kāfēi.

＊我今天喝了咖啡。

明天下了课, 我去找你。
Míngtiān xiàle kè, wǒ qù zhǎo nǐ.

杯 bēi 양 잔, 컵 [컵을 세는 단위]

완료에 대한 부정은 '没(有)+동사' 형식으로 나타내며, 이때 완료를 나타내는 동태조사 '了'는 삭제된다. 질문에 대한 대답으로 사용될 경우 '没有'만으로 대답할 수 있다.

我今天没吃早饭。
Wǒ jīntiān méi chī zǎofàn.

A: 你买了汉语课本吗?
Nǐ mǎile Hànyǔ kèběn ma?

B: 没有(买)。
Méiyǒu (mǎi).

▪ 어기조사 '了'

문장의 끝에 쓰여 사태의 변화를 나타낸다. 주로 현재와 관련된 상황 변화를 나타낸다.

天黑了, 快回家吧。
Tiān hēi le, kuài huíjiā ba.

弟弟今年二十岁了。
Dìdi jīnnián èrshí suì le.

黑 hēi 형 어둡다, 까맣다

▪ 동태조사 '了'와 어기조사 '了'

하나의 문장에 동태조사 '了'와 어기조사 '了'가 함께 사용될 수도 있다. 이때 목적어에 관형어가 없다면 동태조사 '了'를 생략할 수 있다.

我已经买(了)票了。
Wǒ yǐjīng mǎi(le) piào le.

你吃(了)饭了吗?
Nǐ chī(le) fàn le ma?

동태조사 '了'는 '사는/먹는' 동작이 완료되었음을 나타내고(동작의 완료), 어기조사 '了'는 그로 인해 더 이상 '살/먹을' 필요가 없음을 나타내요(현재에 영향을 미침).

3. 前面有很多人在排队。

부사 '在'는 술어로 쓰이는 동사 앞에 놓여 '…하고 있다'라는 진행 의미를 나타낸다.

他在看电视剧。
Tā zài kàn diànshìjù.

我们都在喝奶茶。
Wǒmen dōu zài hē nǎichá.

电视剧 diànshìjù 명 드라마
奶茶 nǎichá 명 밀크티

'마침, 한창'의 의미를 갖는 부사 '正'과 함께 '正在'의 형태로 '마침 …하고 있다'의 의미를 나타낼 수 있으며, 어기조사 '呢'가 문장의 끝에 함께 사용되기도 한다.

你在做什么?
Nǐ zài zuò shénme?

我在写报告呢。
Wǒ zài xiě bàogào ne.

他正在打电话呢。
Tā zhèngzài dǎ diànhuà ne.

正 zhèng 부 마침
正在 zhèngzài 부 마침 …하고 있다
写 xiě 동 쓰다
报告 bàogào 동 명 리포트하다, 보고하다, 리포트, 보고서
打电话 dǎ diànhuà 전화를 걸다.

4. 还有五分钟**就要**开演**了**。

'要 / 快 / 快要 / 就要…了'는 짧은 시간 안에 곧 발생할 동작을 나타내는 데 쓰인다. 주의할 점은 '就要…了' 앞에는 시간을 나타내는 부사어를 쓸 수 있지만, '快(要)…了' 앞에는 쓸 수 없다는 것이다.

快到春天了。
Kuài dào chūntiān le.

五分钟以后就要上课了。
Wǔ fēnzhōng yǐhòu jiù yào shàngkè le.

* 五分钟以后快要上课了。

春天 chūntiān 명 봄

5. 还想再看**一遍**。

'遍', '次'는 동작의 횟수를 나타내는 양사이며, 수사와 결합하여 문장 속에서 동량보어(动量补语 dòngliàng bǔyǔ)로 쓰일 수 있다. '次'는 동작의 횟수를 나타내며, '遍'은 전체 과정을 포함하는 동작의 횟수를 나타낸다.

这部电影，我看了两遍。
Zhè bù diànyǐng, wǒ kànle liǎng biàn.

我已经说了好几次了。
Wǒ yǐjīng shuōle hǎo jǐ cì le.

好 hǎo 부 아주, 매우
[형용사, 수량사 등의 앞에서 많음, 오래됨을 나타냄]

练习

1. 교체 연습

1) 还有 五分钟 就要 开演 了。

五分钟	开演
两天	考试
半年	回国
一个半小时	结束
三分钟	开始

2) 真不错，还想再 看一遍。

- 喝一瓶
- 去一次
- 玩一天
- 听一首

半年 bànnián 수량 반년
回国 huíguó 동 귀국하다
结束 jiéshù 동 마치다, 끝나다
开始 kāishǐ 동 시작하다
首 shǒu 양 곡, 수 [노래나 시를 세는 단위]

3) 听说最近 重新上映的《英雄本色》 很受欢迎。

- 新上市的手机
- 韩剧
- 中餐
- 素食

新 xīn 부 새로이, 갓
韩剧 Hánjù 명 한국 드라마
中餐 zhōngcān 명 중식
素食 sùshí 명 채식

2. 본문의 표현을 활용하여 다음 대화를 완성해 보세요.

1) A: 我想去看电影，你________________?

B: 下周考完试就可以去，星期五__________________________?

周 zhōu 명 주, 요일

A: 不好意思，星期五已经 ______________。

B: 星期六呢？

A: 星期六下午一点以后都 ______________。

B: 那我们 ______________ 吧。

2) A: 不好意思，我迟到了，______________？

B: 没关系，我也刚刚才到。

A: 售票处在哪儿？我们去______________！

B: 就在那边。看！很多人在排队。

A: 看来今天的电影 ______________。

售票处 shòupiàochù 명 매표소

那边 nà·biān 대 저곳, 저쪽, 그곳, 그쪽

看来 kànlái 동 …해 보이다 [경험이나 알고 있는 상황을 통한 판단이나 추론을 표시함]

3. 알맞은 단어를 골라 문장을 완성해 보세요.

不好意思	刚刚才	迟到	空

1) 你什么时候有 ______________？我们一起去吃甜点吧！

2) ____________________________，我忘了给你打电话了。

3) 我也 ___________ 知道。

4) 他总是 ___________，我们都不喜欢他。

甜点 tiándiǎn 명 달콤한 간식거리, 디저트

忘 wàng 동 잊다

给 gěi 개 …에게

总是 zǒngshì 부 늘, 항상

4. 주어진 표현을 최대한 활용하여 다음 질문에 대답해 보세요.

(跟…)有约	去…	买…
跟…吃饭	做作业	看电影

上个周末你都做什么了?

______

______

______

周末 zhōumò 명 주말

5. 자신의 상황에 근거하여 다음 질문에 대답해 보세요.

1) 你汉语学了多长时间了?

______

2) 一周上几次汉语课?

______

■ 중국의 공연 예술 중국의 다양한 공연 문화

중국에는 예부터 다양한 공연 예술이 발달했다. 각 지역을 중심으로 고유의 문화적, 언어적 특징이 녹아든 전통극이 발달했다. 안후이 지방의 예인들이 베이징으로 넘어와 이를 중심으로 발달시킨 京剧와 저장, 상하이, 장쑤 지역에서 발달한 越剧는 중국의 대표적인 전통극 양식이라고 할 수 있다. 京剧와 越剧는 각각 중국의 第一国剧, 第二国剧로 불리며 문화적으로 중요한 위치를 차지하고 있다. 京剧는 음악과 노래, 역동적이고 현란한 동작들이 특징이며 상징성이 뛰어나다. 특히 천카이거 감독의 영화 〈霸王别姬〉 등으로 우리에게 친숙하다. 越剧는 재자가인(才子佳人)의 사랑 이야기가 많으며, 따라서 서정성이 뛰어나고 노래가 주가 된다. 둥베이 지역 민간문화에 뿌리를 둔 二人转도 빼놓을 수 없다. 二人转은 대개 1남 1녀가 부채나 수건을 소품으로 삼아 걸쭉한 이야기와 가무를 선보이는 것이 특징이다. 그 외에도 다양한 地方戏와 함께, 순식간에 가면을 바꿔 쓰는 공연인 变脸, 한 사람 또는 여러 사람이 타악기의 리듬에 맞추어 다양한 재담과 만담을 선보이는 相声 등이 현재까지도 사랑받고 있다.

[부록1]

课堂用语

教师课堂用语	学生课堂用语
同学们好!	老师好!
现在开始上课。	复习了。/ 没(有)复习。
上节课的内容大家还记得吗?	预习了。/ 没(有)预习。
大家还记得上节课我们学了什么?	我来回答。
大家还记得上节课我们学的内容吗?	老师, 我没有听清楚, 您可以再读一遍吗?
上节课学过的内容, 大家有没有复习(复习了没有)?	老师, 我没听明白, 您可以再讲一遍吗?
大家有没有复习上节课学的内容?	老师, 您讲/说得太快了, 可以讲/说得慢一点吗?
今天我们学习第…课, 大家有没有预习?	老师, 您讲/说得太快了, 我没听懂。
请大家跟我读一遍生词/课文。	老师, 这个句子太难了, 您可以再讲一遍吗?
谁来读一下生词/课文?	老师, 可以给我们写一下吗?
谁来解释一下/翻译一下?	老师, 可以给我们写到黑板上吗?

教师课堂用语	学生课堂用语
下面我们找个同学来读一下生词/课文。	听懂了。/ 明白了。
我们一起来读一遍，请大家大声读。	老师，屏幕上的字太小了，我看不清楚。
那下面我们来齐读课文。	老师，那个字/词怎么写？
哪位同学/谁来回答这个问题(呢)？	老师，这个字/词是什么意思？
大家有没有不明白的地方？	老师，这句话是什么意思？
大家(你们)都听明白了吗？	老师，这个字怎么念？
这节课的内容(大家)都学会了吗？	谢谢老师，老师再见。
要是有什么不明白的地方，大家可以随时问我。	
那今天的课就上到这儿，我们下节课再见。	
大家辛苦了，我们下节课见。	

[부록2]

专业·学科名称 전공과 학과의 중국어 명칭(2023년 기준)

고려대학교	高丽大学	Gāolí Dàxué
서울캠퍼스	首尔校园	Shǒu'ěr xiàoyuán
세종캠퍼스	世宗校园	Shìzōng xiàoyuán
법과대학	法律学院	Fǎlǜ xuéyuàn
법학과	法律系	Fǎlǜ xì
자유전공학부	自由专业学部	Zìyóu zhuānyè xuébù
경영대학	经营学院	Jīngyíng xuéyuàn
경영학과	经营学系	Jīngyíngxué xì
문과대학	文科学院	Wénkē xuéyuàn
인문학부	人文学部	Rénwén xuébù
국어국문학과	国语国文系	Guóyǔ guówén xì
철학과	哲学系	Zhéxué xì
한국사학과	韩国历史系	Hánguó lìshǐ xì
사학과	历史系	Lìshǐ xì
심리학과	心理系	Xīnlǐ xì
사회학과	社会学系	Shèhuìxué xì
한문학과	汉文系	Hànwén xì
영어영문학과	英文系	Yīngwén xì
독어독문학과	德文系	Déwén xì

불어불문학과	法文系	Fǎwén xì
중어중문학과	中文系	Zhōngwén xì
노어노문학과	俄文系	Éwén xì
일어일문학과	日文系	Rìwén xì
서어서문학과	西文系	Xīwén xì
언어학과	语言学系	Yǔyánxué xì
정경대학	政经学院	Zhèngjīng xuéyuàn
정치외교학과	政治外交学系	Zhèngzhì wàijiāoxué xì
경제학과	经济学系	Jīngjìxué xì
통계학과	统计学系	Tǒngjìxué xì
행정학과	行政学系	Xíngzhèngxué xì
사범대학	师范学院	Shīfàn xuéyuàn
교육학과	教育学系	Jiàoyùxué xì
체육교육과	体育教育系	Tǐyù jiàoyù xì
가정교육과	家政教育系	Jiāzhèng jiàoyù xì
수학교육과	数学教育系	Shùxué jiàoyù xì
국어교육과	国语教育系	Guóyǔ jiàoyù xì
영어교육과	英语教育系	Yīngyǔ jiàoyù xì
지리교육과	地理教育系	Dìlǐ jiàoyù xì
역사교육과	历史教育系	Lìshǐ jiàoyù xì
디자인조형학부	设计造型学部	Shèjì zàoxíng xuébù
국제학부	国际学部	Guójì xuébù
생명과학대학	生命科学学院	Shēngmìng kēxué xuéyuàn
생명과학부	生命科学部	Shēngmìng kēxuébù
생명공학부	生命工学部	Shēngmìng gōngxuébù
식품공학과	食品工学系	Shípǐn gōngxué xì

환경생태공학부	环境生态工学部	Huánjìng shēngtài gōngxuébù
식품자원경제학과	食品资源经济学系	Shípǐn zīyuán jīngjìxué xì
이과대학	理学院	Lǐxuéyuàn
수학과	数学系	Shùxué xì
물리학과	物理系	Wùlǐ xì
화학과	化学系	Huàxué xì
지구환경과학과	地球环境科学系	Dìqiú huánjìng kēxué xì
공과대학	工学院	Gōngxuéyuàn
신소재공학부	新材料工学系	Xīn cáiliào gōngxué xì
화공생명공학과	化工生命工学系	Huàgōng shēngmìng gōngxué xì
건축사회환경공학부	建筑社会环境工学部	Jiànzhù shèhuì huánjìng gōngxuébù
건축학과	建筑系	Jiànzhù xì
기계공학부	机械工学部	Jīxiè gōngxuébù
전기전자공학부	电气电子工学部	Diànqì diànzǐ gōngxuébù
산업경영공학부	产业经营工学部	Chǎnyè jīngyíng gōngxué bù
반도체공학과	半导体工学系	Bàndǎotǐ gōngxué xì
차세대통신학과	新一代通信学系	Xīn yīdài tōngxìnxué xì
융합에너지공학과	融合能源工学系	Rónghé néngyuán gōngxué xì
의과대학	医学院	Yīxué yuàn
의(예)학과	医(预)学系	Yī (yù) xué xì
간호대학	护理学院	Hùlǐ xuéyuàn
간호학과	护理学系	Hùlǐxué xì
정보대학	信息学院	Xìnxī xuéyuàn
컴퓨터학과	计算机学系	Jìsuànjīxué xì
데이터과학과	数据科学系	Shùjù kēxué xì

보건과학대학	保健科学学院	Bǎojiàn kēxué xuéyuàn
바이오의공학부	生命医学工学部	Shēngmìng yīxué gōngxuébù
보건환경융합과학부	保健环境融合科学部	Bǎojiàn huánjìng rónghé kēxuébù
보건정책관리학부	保健政策管理学部	Bǎojiàn zhèngcè guǎnlǐ xuébù
바이오시스템의과학부	生命系统医科学部	Shēngmìng xìtǒng yīkē xuébù
미디어학부	传媒学部	Chuánméi xuébù
스마트보안학부	尖端保安学部	Jiānduān bǎo'ān xuébù
사이버국방학과	网络国防学系	Wǎngluò guófáng xué xì
심리학부	心理学部	Xīnlǐ xuébù
스마트모빌리티학부	智能移动出行学部	Zhìnéng yídòng chūxíng xuébù

[부록3]

어휘 목록

āyí	阿姨	10과
à	啊	12과
a	啊	7과
Àizǐlíng	爱子陵	8과
ānjìng	安静	8과
Ānyán Zhàn	安岩站	8과
bàba	爸爸	5과
ba	吧	7과
bǎi	百	7과
bǎihuò shāngdiàn	百货商店	10과
bān	班	7과
bàn	半	9과
bāng	帮	10과
bàngōngshì	办公室	8과
bànnián	半年	12과
bàntiān	半天	12과
bāo	包	11과
bàogào	报告	12과
bēi	杯	12과
běi	北	8과
běn	本	7과
běnzi	本子	6과
bǐ	笔	7과
bǐjiào	比较	6과
biàn	遍	6과
bian	- 边	8과
biànlìdiàn	便利店	8과
bǐnggān	饼干	7과
bówùguǎn	博物馆	8과
bù	不	4과
bù	部	12과
bù hǎoyìsi	不好意思	4과
bù kèqi	不客气	4과
bùcuò	不错	11과
bùguò	不过	6과
bùxíng	不行	9과
bùyòng	不用	10과
cái	才	11과
cāochǎng	操场	9과
cǎoméi	草莓	11과
cèyàn	测验	7과
céng	层	8과
chá	查	8과
chà	差	9과
chà	差	10과
cháng	常	8과
cháng	长	10과
cháng	尝	11과
chángcháng	常常	9과
chāoshì	超市	11과

chǎo//jià	吵架	11과
chē	车	10과
chēzhàn	车站	10과
Chén Hóng	陈红	4과
chéngxùyuán	程序员	7과
chī	吃	7과
chī//fàn	吃饭	8과
chídào	迟到	12과
chóngxīn	重新	12과
chū//qù	出去	9과
chūzhōng	初中	7과
chuān	穿	10과
chūntiān	春天	12과
cídiǎn	词典	5과
cì	次	10과
cì	次	11과
cóng	从	8과
cōng·míng	聪明	7과
cóngxiǎo	从小	10과
dǎ chē	打车	10과
dǎ//dī	打的	10과
dǎ diànhuà	打电话	12과
dǎ//kāi	打开	6과
dǎ//zhé	打折	11과
dà	大	5과
dàgài	大概	10과
dàjiā	大家	5과
dàjiē	大街	11과
dàxué	大学	5과
dàn	但	10과
dāncí	单词	7과
dànshì	但是	8과
dào	到	8과

dào	到	10과
dàochù	到处	11과
dàoshǔ	倒数	7과
de	的	5과
de	的	11과
dehuà	的话	10과
děng	等	6과
dì	第	4과
dìdi	弟弟	7과
dìtiě	地铁	10과
diǎn(r)	点(儿)	8과
diǎn	点	9과
diàn	店	11과
diànnǎo	电脑	8과
diànnǎoshì	电脑室	8과
diànshì	电视	9과
diànshìjù	电视剧	12과
diànyǐng	电影	9과
diànyǐngyuàn	电影院	12과
dōng	东	8과
dōngbianr	东边(儿)	8과
dōngxi	东西	8과
dǒng	懂	7과
dōu	都	6과
dú	读	6과
dúshēngnǚ	独生女	7과
dúshēngzǐ	独生子	7과
dǔ//chē	堵车	10과
duìbuqǐ	对不起	4과
duìle	对了	7과
duìmiàn(r)	对面(儿)	8과
duō	多	5과
duō	多	6과

duō	多	9과
duōshao	多少	8과
è	饿	6과
èr	二	4과
fāyīn	发音	6과
fălǜ xuéyuàn	法律学院	8과
fàng//xīn	放心	8과
fàng//xué	放学	9과
fēicháng	非常	6과
fēn	分	9과
fēn	分	11과
fēnzhōng	分钟	8과
fùjìn	附近	10과
Fùmŭ Jié	父母节	9과
Fùqīn Jié	父亲节	9과
fùxí	复习	6과
gănjĭn	赶紧	10과
gănxiè	感谢	10과
gānggāng	刚刚	11과
găo	搞	11과
Gāolí Dàxué	高丽大学	5과
Gāolí Dàxué Yīyuàn	高丽大学医院	8과
Gāolí Dàxué Zhàn	高丽大学站	8과
gāoshòu	高寿	5과
gàosu	告诉	11과
gāoxìng	高兴	6과
gāozhōng	高中	7과
gēge	哥哥	7과
gè	个	5과
gěi	给	11과
gěi	给	12과
gēn	跟	6과
gēn	跟	9과
gōnggòng qìchē	公共汽车	10과
gōngsī	公司	7과
gōngwùyuán	公务员	7과
gōngzuò	工作	7과
gòuwùquàn	购物券	11과
guài	怪	11과
guăi	拐	10과
guàibude	怪不得	11과
guàng	逛	11과
guānglín	光临	11과
guănggào	广告	11과
guàng//jiē	逛街	9과
guì	贵	10과
guìxìng	贵姓	5과
guŏrán	果然	12과
hāha	哈哈	10과
hái	还	8과
háishi	还是	10과
háizi	孩子	7과
hăibào	海报	12과
háng	行	7과
hángbān	航班	11과
Hánguó	韩国	5과
Hánguóyŭ Zhōngxīn	韩国语中心	5과
Hánjù	韩剧	12과
Hányà Gnăngchăng	韩亚广场	8과
Hányŭ	韩语	5과
Hànyŭ	汉语	5과
hăo	好	4과
hăo	好	12과
hăo(bù)róngyi	好(不)容易	11과
hăochī	好吃	7과
hăohăo (hăohāor)	好好(儿)	6과

hǎokàn	好看	7과
hào(r)	号(儿)	9과
hē	喝	9과
hé	和	6과
hé//suàn	合算	11과
hēi	黑	12과
hēisè	黑色	11과
hěn	很	4과
hóng-lǜdēng	红绿灯	10과
hòu	后	8과
hòutiān	后天	4과
Hǔxiàng	虎像	8과
huábīngchǎng	滑冰场	8과
huà(r)	话(儿)	11과
huài	坏	11과
huānyíng	欢迎	11과
huán	还	11과
huànchéng	换乘	10과
Huàtīng Tǐyùguǎn	化汀体育馆	8과
huí//guó	回国	12과
huí//jiā	回家	9과
huì	会	11과
huìhuà	会话	4과
huódòng	活动	11과
huòzhě	或者	8과
jīchǎng	机场	10과
jīhuì	机会	10과
jǐ	几	5과
jì	记	10과
jìniàn	纪念	12과
jiā	家	7과
jiā	家	10과
jiārén	家人	7과
jiǎn	减	11과
jiàn	见	4과
jiàn	件	10과
jiànkāng	健康	7과
jiàn//miàn	见面	8과
jiǎng	讲	6과
jiǎng//kè	讲课	10과
jiāo	交	11과
jiāo	教	7과
jiǎo	角	11과
jiào	叫	5과
jiào	叫	10과
jiàoshì	教室	8과
jiàoxuélóu	教学楼	8과
Jiàoyǎngguǎn	教养馆	8과
jié	节	6과
jiérì	节日	9과
jiéshù	结束	12과
jiějie	姐姐	7과
jiěmèi	姐妹	7과
jiè	借	8과
jiè//yì	介意	10과
jièshào	介绍	5과
jīn	斤	11과
Jīn Huìlín	金惠琳	4과
jīnnián	今年	5과
jīntiān	今天	6과
jìn//qù	进去	10과
jǐngchá	警察	7과
jīngcháng	经常	10과
jīngdiǎn	经典	12과
jīngjì	经济	5과
jīngyíng	经营	5과

jiǔ	久	12과
jiù	就	8과
jiùshì	就是	10과
jù	句	11과
jùxíng	句型	4과
juéde	觉得	11과
juédìng	决定	11과
kāfēi	咖啡	9과
kāfēitīng	咖啡厅	8과
kāishǐ	开始	12과
kāixīn	开心	6과
kāiyǎn	开演	12과
kàn	看	7과
kànlái	看来	12과
kàn//qǐ//lái	看起来	7과
kàn//shū	看书	8과
kǎo	考	12과
kǎo//shì	考试	12과
kě	渴	8과
kě'ài	可爱	6과
kělè	可乐	11과
kěshì	可是	8과
kěyǐ	可以	6과
kè	课	4과
kè	刻	9과
kèběn	课本	6과
kèwén	课文	6과
kòng(r)	空(儿)	9과
kǒu	口	7과
kū	哭	10과
kuài	块	11과
kuài	快	12과
kuǎnshì	款式	11과
lái	来	6과
lánsè	蓝色	11과
lǎolao	姥姥	7과
lǎoshī	老师	4과
lǎoye	姥爷	7과
le	了	5과
lèi	累	6과
lěng	冷	6과
lí	离	10과
lǐ	里	8과
lǐwù	礼物	9과
Lǐ Zhèngmín	李正民	4과
liǎng	两 7	과
liàng	辆	10과
liáo//tiān(r)	聊天儿	9과
líng	零	7과
liú	留	12과
liúxíng	流行	11과
liú//xué	留学	11과
lóu	楼	8과
lù	路	11과
lù	路	10과
lùchī	路痴	10과
lùkǒu(r)	路口(儿)	10과
lùyīn	录音	7과
Lǜdì Cāochǎng	绿地操场	8과
lǚyóu	旅游	9과
lǜshī	律师	7과
ma	吗	4과
māma	妈妈	7과
mǎi	买	9과
mài	卖	11과
mǎn	满	11과

máng	忙	6과
máo	毛	11과
méi bànfǎ	没办法	7과
méi guānxi	没关系	4과
Měiguó	美国	5과
méi//shì(r)	没事(儿)	4과
méi·(yǒu)	没(有)	6과
méi·(yǒu)	没(有)	10과
méi(yǒu) yìsi	没(有)意思	7과
měi	每	8과
měitiān	每天	11과
mèimei	妹妹	7과
mén	门	8과
ménkǒu(r)	门口(儿)	9과
men	们	4과
miàn	-面	8과
miànbāo	面包	10과
Mínzhǔ Guǎngchǎng	民主广场	8과
míngbai	明白	6과
Míngdòng	明洞	10과
míngnián	明年	11과
míngtiān	明天	4과
míngzi	名字	5과
mùbiāo	目标	4과
Mǔqīn Jié	母亲节	9과
nǎ	哪	5과
nà	那	6과
nà	那	7과
nà·biān	那边	12과
nàlǐ	那里	6과
nǎichá	奶茶	12과
nǎinai	奶奶	7과
nán	难	6과
nán	男	7과
nán	南	8과
nǎr	哪儿	8과
nàr	那儿	6과
ne	呢	4과
ne	呢	8과
nèiróng	内容	6과
néng	能	11과
nénggàn	能干	7과
ǹg	嗯	7과
nǐ	你	4과
nǐmen	你们	4과
nián	年	9과
niánjí	年级	5과
niánjì	年纪	5과
nín	您	4과
nǔlì	努力	10과
ó	哦	11과
ò	哦	7과
pái//duì	排队	12과
páng	旁	8과
pángbiān	旁边	8과
péngyou	朋友	5과
píxié	皮鞋	11과
piányi	便宜	7과
piào	票	12과
píng	瓶	10과
píngcháng	平常	9과
píngguǒ	苹果	11과
píngshí	平时	9과
qǐ//chuáng	起床	9과
qiān	千	7과
qiānbǐ	铅笔	6과

qián	前	8과
qián	钱	10과
qiántiān	前天	9과
qǐng	请	6과
qǐng	请	11과
qǐng duō guānzhào	请多关照	5과
qù	去	8과
ránhòu	然后	10과
rè	热	8과
rén	人	5과
rènshi	认识	10과
rì	日	9과
Rìběn	日本	5과
Rìyǔ	日语	7과
róngyì	容易	7과
ròu	肉	10과
rúguǒ	如果	10과
sǎo(//mǎ)	扫(码)	11과
shānzhú	山竹	11과
shànliáng	善良	7과
shāngdiàn	商店	8과
shàng	上	6과
shàng	上	8과
shàngbānzú	上班族	7과
shàng//kè	上课	8과
shàng//shì	上市	11과
shàngwǔ	上午	4과
shàng//xué	上学	7과
shàngyī	上衣	11과
shàngyìng	上映	12과
shéi	谁	5과
shénme	什么	5과
shénme shíhou	什么时候	9과
shēntǐ	身体	6과
shēngcí	生词	4과
shēngri	生日	9과
Shèngdàn Jié	圣诞节	9과
shījīn	湿巾	11과
shíhou	时候	9과
shíjiān	时间	9과
Shítǎ	石塔	8과
shítáng	食堂	8과
Shíxī Zhàn	石溪站	10과
shízì lùkǒu(r)	十字路口(儿)	10과
shì	是	5과
shì	试	10과
shì(r)	事(儿)	8과
shìchǎng	市场	11과
shì de	是的	8과
shìhé	适合	11과
shìyǒu	室友	9과
shì zhèngfǔ	市政府	10과
shǒu	手	8과
shǒu	首	12과
shǒujī	手机	10과
shòu	受	12과
shòu huānyíng	受欢迎	12과
shòuhuòyuán	售货员	11과
shòupiàochù	售票处	12과
shū	书	5과
shūbāo	书包	8과
shūdiàn	书店	9과
shuāng	双	11과
shuǐ	水	10과
shuì	睡	11과
shuì//jiào	睡觉	9과

shuǐguǒ	水果	11과
shùnbiàn	顺便	11과
shuō	说	7과
sì	四	4과
sòng	送	11과
sùshè	宿舍	8과
sùshí	素食	12과
suì	岁	5과
suìshù	岁数	5과
tā	他	4과
tā	她	4과
tā	它	4과
tāmen	他们	4과
tāmen	她们	4과
tāmen	它们	4과
tài	太	6과
tǎng	躺	10과
tàng	趟	11과
tèbié	特别	11과
téng	疼	7과
téng	疼	8과
tiān	天	9과
tiānqì	天气	6과
tián	甜	11과
tiándiǎn	甜点	12과
tīng	听	6과
tīng	听	11과
tīng//kè	听课	6과
tīnglì	听力	7과
tīngshuō	听说	8과
tóng	同	9과
tōngcháng	通常	9과
tóngxué	同学	4과
tou	-头	8과
túshūguǎn	图书馆	8과
wā	哇	8과
wài	外	8과
wàiguórén	外国人	8과
wàiyǔ	外语	6과
wán	完	12과
wán(r)	玩(儿)	11과
wǎnfàn	晚饭	9과
wǎnshang	晚上	4과
wàn	万	7과
wànyì	万亿	7과
Wáng Míng	王明	4과
wǎng	往	10과
wàng	忘	12과
Wēixìn	微信	11과
wèi	位	7과
wèishénme	为什么	9과
Wénxuéyuàn (Xīguǎn/Shūguǎn)	文学院(西馆/书馆)	8과
wèn	问	7과
wèntí	问题	6과
wǒ	我	4과
wǒmen	我们	4과
wǔfàn	午饭	9과
xī	西	8과
Xībānyá	西班牙	5과
xīguā	西瓜	11과
xī//yān	吸烟	11과
xǐ	洗	8과
xǐhuan	喜欢	10과
xǐshǒujiān	洗手间	8과
xì	系	5과

xìliè	系列	12과
xià	下	8과
xià	下	9과
xiàcì	下次	11과
xià//kè	下课	6과
xiàwǔ	下午	4과
xià//yǔ	下雨	10과
xiān	先	6과
xiānsheng	先生	7과
xiàn	线	10과
xiànzài	现在	8과
xiǎng	想	8과
xiǎng	想	12과
Xiānggǎng	香港	12과
xiāngjiāo	香蕉	11과
xiǎoháizi	小孩子	10과
xiǎopéngyou	小朋友	5과
xiǎoshí	小时	10과
xiē	些	11과
xiě	写	12과
xièxie	谢谢	4과
xīn	新	12과
xīnshēng	新生	5과
xīn//xiān	新鲜	11과
Xīngbākè	星巴克	10과
xīngqī	星期	9과
xīngqītiān	星期天	9과
xíng	行	11과
xíngrén	行人	10과
xìng	姓	5과
xiōngdì	兄弟	7과
xiūfùbǎn	修复版	12과
xiū//hǎo	修好	11과

xiūxi	休息	9과
xūyào	需要	11과
xuéqī	学期	8과
xué shēng	学生	4과
Xuéshēng Huìguǎn	学生会馆	8과
xuéxí	学习	4과
xuéxiào	学校	5과
xuěbì	雪碧	11과
yánsè	颜色	11과
yǎnguāng	眼光	11과
yào	要	8과
yào	要	10과
yào	要	11과
yào	要	11과
yào	要	12과
yàoshi	要是	10과
yéye	爷爷	5과
yě	也	4과
yè	页	6과
yī	一	4과
yībān	一般	8과
yīdìng	一定	7과
yīfu	衣服	10과
yīgòng	一共	8과
yǐhòu	以后	9과
yīhuìr	一会儿	4과
yīqǐ	一起	7과
yīshēng	医生	7과
yīxià(r)	一下(儿)	5과
yīyuàn	医院	8과
yīzhí	一直	10과
yǐjīng	已经	12과
yǐqián	以前	10과

yì	亿	7과
yìsi	意思	7과
yǐnliào	饮料	10과
Yīngwén	英文	5과
Yīngxióng Běnsè	《英雄本色》	12과
Yīngyǔ	英语	7과
yòng	用	11과
yòng	用	11과
yòng//gōng	用功	7과
yóuxì	游戏	7과
yǒu	有	6과
yǒudiǎn(r)	有点(儿)	6과
yǒushíhou	有时候	9과
yǒu yìsi	有意思	6과
yóu//yǒng	游泳	8과
yòu	又	7과
yòu	右	10과
yú	鱼	10과
yǔfǎ	语法	4과
yuán	元	11과
yuánlái	原来	12과
yuǎn	远	10과
yuànyi	愿意	10과
yuē	约	12과
yuè	月	9과
yuèlǎnshì	阅览室	8과
Yuènán	越南	5과
yùndòng	运动	9과
yùndòngfú	运动服	11과
yùndòngxié	运动鞋	11과
yùnqi	运气	11과
zázhì	杂志	7과
zài	再	4과
zài	在	5과
zài	在	8과
zài	在	12과
zàijiàn	再见	4과
zánmen	咱们	4과
zǎofàn	早饭	9과
zǎoshang	早上	4과
zěnme	怎么	10과
zěnmeyàng	怎么样	6과
Zhāng	张	5과
zhāng	张	7과
zhǎo	找	11과
zhǎo	找	12과
zhàopiàn	照片	7과
zhè	这	6과
zhè·biān	这边	10과
zhè·lǐ	这里	6과
zhèyàng	这样	12과
zhe	着	10과
zhēn	真	7과
zhěng	整	9과
zhèng	正	12과
Zhèngdà Hòumén	政大后门	8과
zhènghǎo	正好	11과
Zhèngjīng Xuéyuàn	政经学院	8과
zhèngzài	正在	12과
zhèr	这儿	6과
zhī	支	7과
zhī·dào	知道	10과
(zhī)fù	(支)付	11과
zhídá	直达	10과
zhǐ	纸	7과
zhǐ	只	8과

zhìliàng	质量	11과
zhōng	中	8과
zhōngcān	中餐	12과
Zhōngguó	中国	5과
zhōngjiān	中间	8과
Zhōngwén	中文	5과
zhōngwǔ	中午	4과
Zhōngyāng Guǎngchǎng	中央广场	8과
Zhōngyāng Túshūguǎn	中央图书馆	8과
zhōngyú	终于	10과
zhǒng	种	7과
zhòngdiǎn	重点	4과
zhōu	周	12과
zhōumò	周末	12과
zhuānyè	专业	5과
zhuōzi	桌子	7과
zhǔyi	主意	11과
zīliào	资料	8과
zìjǐ	自己	5과
zìxíngchē	自行车	11과
zìzhù fúwùjī	自助服务机	12과
zǒngshì	总是	12과
zǒu	走	10과
zuì	最	9과
zuìhòu	最后	11과
zuìjìn	最近	6과
zuótiān	昨天	9과
zuǒ	左	10과
zuò	做	6과
zuò	座	8과
zuò	坐	10과
zuò cài	做菜	8과
zuò chē	坐车	8과
zuòjiā	作家	7과
zuòyè	作业	6과

메모

메모

메모

집필진

김은주 고려대 중문과 박사 · 고려대 중문과 강사

류호현 베이징대학(北京大学) 중문과 박사 · 고려대 중문과 교수

오유정 푸단대학(复旦大学) 중문과 박사 · 고려대 중문과 교수

정지수 고려대 중문과 박사 · 고려대 중문과 강사

최신혜 베이징대학(北京大学) 중문과 박사 · 고려대 BK21 중일교육연구단 연구교수

허설영 고려대 중문과 박사 · 고려대 중문과 강사

홍소영 고려대 중문과 박사 · 고려대 중문과 강사

개정3판 새내기 중국어 상

초판 발행 2004년 3월 25일
개정판 발행 2012년 3월 5일
개정2판 발행 2014년 2월 25일
개정3판 발행 1쇄 2024년 2월 29일

지은이 고려대학교 문과대학
중어중문학과 교수실
펴낸곳 고려대학교출판문화원
www.kupress.com
kupress@korea.ac.kr
(02841) 서울특별시 성북구 안암로 145
Tel 02-3290-4230, 4232
Fax 02-923-6311
찍은곳 (주)동화인쇄

ISBN 979-11-6956-070-2 03720

값 23,000원 (별책 포함)
※ 잘못 만들어진 책은 바꿔 드립니다.

차례

第一课 1 发音(一)

Dì-yī kè Fāyīn

1. 성모와 단운모의 결합

녹음을 들으며, 빈칸에 성모와 단운모가 결합한 발음을 채워 쓰세요. 첫째 행은 성모 없이 단운모가 단독으로 출현할 때의 표기법을 채워 씁니다. (아래 표 가운데 음영이 들어간 칸은 없는 음절입니다.)

	a	o	e	i	-i	u	ü
b							
p							
m							
f							
d							
t							

	ɑ	o	e	i	-i	u	ü
n							
l							
g							
k							
h							
j							
q							
x							
z							
c							
s							
zh							
ch							
sh							
r							

第二课
Dì-èr kè

2 发音(二)
Fāyīn

1. 성모와 복운모의 결합

녹음을 들으며, 빈칸에 성모와 복운모가 결합한 발음을 채워 쓰세요. 첫째 행은 성모 없이 단독으로 출현할 때의 표기법을 채워 씁니다. (아래 표 가운데 음영이 들어간 칸은 없는 음절입니다.)

	ai	ei	ao	ou	ia	ie	ua	uo	üe	iao	iou (-iu)	uai	uei (-ui)
b													
p													
m													
f													
d													
t													

	ai	ei	ao	ou	ia	ie	ua	uo	üe	iao	iou (-iu)	uai	uei (-ui)
n													
l													
g													
k													
h													
j													
q													
x													
z													
c													
s													
zh													
ch													
sh													
r													

2. 성모와 비운모의 결합

녹음을 들으며, 빈칸에 성모와 비운모가 결합한 발음을 채워 쓰세요. 첫째 행은 성모 없이 단독으로 출현할 때의 표기법을 채워 씁니다. (아래 표 가운데 음영이 들어간 칸은 없는 음절입니다.)

	an	en	in	ün	uan	uen (-un)	ian	üan	ang	eng	ong	ing	iang	iong	uang	ueng
b																
p																
m																
f																
d																
t																
n																
l																
g																
k																
h																

	an	en	in	ün	uan	uen (-un)	ian	üan	ang	eng	ong	ing	iang	iong	uang	ueng
j																
q																
x																
z																
c																
s																
zh																
ch																
sh																
r																

第三课 Dì-sān kè 3 发音(三) Fāyīn

1. 제3성의 변화 연습

1) 제3성의 변화 규칙에 유의하여 다음 단어들을 읽어 보세요.

dǎkāi	lǎojiā	shǒudū	yǔyīn	diǎnxīn
hǎorén	dǎoyóu	jǐngchá	lǚxíng	diǎnmíng
hěn hǎo	shuǐguǒ	Fǎyǔ	suǒyǐ	lǐxiǎng
lǐwù	bǐsài	tǎoyàn	wǎnfàn	hǎoxiàng

2. 경성 연습

1) 앞 음절에 따른 경성의 높낮이에 유의하여 다음 단어들을 읽어 보세요.

gēge	bēizi	xiūxi	shūfu	shāngliang
péngyou	máfan	biéde	zánmen	xuésheng

nǎinai	běnzi	zěnme	xǐhuan	wǎnshang
mèimei	xièxie	kèqi	wàzi	piàoliang

3. 중국어 숫자

1) 빈칸에 해당 숫자의 한어병음을 채워 쓰세요.

1 (一)	2 (二)	3 (三)	4 (四)	5 (五)
6 (六)	7 (七)	8 (八)	9 (九)	10 (十)
11 (十一)	47 (四十七)	58 (五十八)	63 (六十三)	99 (九十九)

第四课
Dì-sì kè

4 你好!

Nǐ hǎo!

1. 다음 한자를 따라 써 보세요.

课

课 kè 명 과, 과목, 수업

你

你 nǐ 대 당신, 너

好

好 hǎo 형 좋다

我

我 wǒ 대 나, 저

也

也 yě 부 …도

很

很 hěn 부 매우, 아주

再

再 zài 부 또, 다시

见

见 jiàn 동 만나다, 보다

老

师

老师 lǎoshī 명 선생님

明

天

明天 míngtiān 명 내일

2. 다음 한어병음을 참고해서 중국어로 써 보세요.

1) Nǐ hǎo ma? ______________________

2) Wǒ hěn hǎo, nǐ ne? ______________________

3) Wǒ yě hěn hǎo. ______________________

4) Tóngxuémen, zài jiàn!

5) Lǎoshī, míngtiān jiàn!

3. 다음 중국어를 따라 써 보세요.

1) 谢谢！

2) 不客气！

3) 对不起。

4) 没关系。

4. 다음 문장을 한국어로 번역해 보세요.

1) 早上好！

2) 他们好吗？

3) 我很好，你呢？

4) 不好意思。

5) 没事儿。

5. 다음 문장을 중국어로 번역해 보세요.

1) 선생님 안녕하세요. ________________________________

2) 그도 잘 지내요. ________________________________

3) 안녕히 계세요. ________________________________

4) 오후에 만나요. ________________________________

5) 미안합니다. ________________________________

6. 녹음을 듣고 받아 적어 보세요.

1) ________________________________

2) ________________________________

3) ________________________________

4) ________________________________

第五课
Dì-wǔ kè

5 你叫什么名字？

Nǐ jiào shénme míngzi?

1. 다음 한자를 따라 써 보세요.

是

是 shì 동 …이다

叫

叫 jiào 동 …라고 부르다

什

么

什么 shénme 대 무엇

名

字

名字 míngzi 명 이름

哪

哪 nǎ 대 어느

的

的 de 조 …의

系

系 xì 명 학과

年

级

年级 niánjí 명 학년

贵

姓

贵姓 guìxìng 명 성, 성씨

岁

岁 suì 명 살, 세

2. 다음 한어병음을 참고해서 중국어로 써 보세요.

1) Tā shì shéi? ______________________

2) Tā shì wǒ de Zhōngguó péngyou.

____

3) Tā yě shì wǒmen xì de xuéshēng ma?

____

4) Bú shì, tā zài Hánguóyǔ Zhōngxīn xuéxí Hányǔ.

____

3. 다음 빈칸을 채워 넣어 보세요.

陈 红：你好，同学！你________中国人吗？

李正民：我________中国人，是韩国人。

陈 红：你________什么名字？

李正民：我叫李正民，________？

陈 红：我叫陈红，是中国人。你是________个系的学生？________年级？

李正民：我是____________一年级的。你的专业是什么？

陈 红：第一＿＿＿＿是英文，第二＿＿＿＿是经营。

4. 다음 문장을 한국어로 번역해 보세요.

1) 老师，您贵姓？ ＿＿＿＿＿＿＿＿

2) 你是新生吗？ ＿＿＿＿＿＿＿＿

3) 他是我的中国朋友。 ＿＿＿＿＿＿＿＿

4) 你今年多大了？ ＿＿＿＿＿＿＿＿

5) 你的专业是什么？ ＿＿＿＿＿＿＿＿

5. 녹음을 듣고 받아 적어 보세요.

1) ＿＿＿＿＿＿＿＿

2) ＿＿＿＿＿＿＿＿

3) ＿＿＿＿＿＿＿＿

4) ＿＿＿＿＿＿＿＿

第六课
Dì-liù kè

6 你忙不忙?

Nǐ máng bu máng?

1. 다음 한자를 따라 써 보세요.

忙	丶	丶丶	忄	忄丶	忙	忙					

忙 máng 형 바쁘다

太	一	ナ	大	太							

太 tài 부 너무

多	ノ	ク	夕	夕	多	多					

多 duō 형 많다

难	フ	又	又	对	对	对	难	难	难	难	

难 nán 형 어렵다

请	丶	讠	讠	讠	讠	请	请	请	请	请	

请 qǐng 동 청하다, 부탁하다

页

页 yè (양) 쪽, 페이지

读

读 dú (동) 읽다, 학교가다, 공부하다

都

都 dōu (부) 모두, 다

这

这 zhè (대) 이, 이것, 이 사람

明

白

明白 míngbai (동) 알다, 이해하다

2. 다음 한어병음을 참고해서 중국어로 써 보세요.

1) Nǐ zuìjìn máng bu máng? ______________________________

2) Wǒ bú tài máng, nǐ ne? ______________________________

3) Wǒ hěn máng, kè tài duō le. ______________________________

4) Hànyǔ nán bu nán? ______________________________

5) Yǒudiǎnr nán, búguò hěn yǒu yìsi.

---

3. 다음 문장을 한국어로 번역해 보세요.

1) 你饿不饿? ________

2) 他非常高兴。 ________

3) 请大家打开课本。 ________

4) 您可以再读一下吗? ________

5) 今天学习的内容大家都明白了吗?

____

4. 다음 문장을 중국어로 번역해 보세요.

1) 오늘 날씨가 조금 춥습니다. ________

2) 그의 발음은 매우 좋습니다. ________

3) 그것은 무엇입니까? ________

4) 이 사람은 나의 중국 친구입니다. ________

5) 그는 거기에서 배웁니다. ______________________________

5. 녹음을 듣고 받아 적어 보세요.

1) ______________________________

2) ______________________________

3) ______________________________

4) ______________________________

第七课 Dì-qī kè

7 我有一个姐姐

Wǒ yǒu yí ge jiějie

1. 다음 한자를 따라 써 보세요.

吃	丨	口	口	口丿	口𠂉	吃					

吃 chī 동 먹다

懂											
			懂								

懂 dǒng 동 이해하다

家									家	
人	丿	人								

家人 jiārén 명 가족

照	丨	冂	月	日							
	照										

片	丿	丿'	片	片							

照片 zhàopiàn 명 사진

测	丶	冫	氵	氵丨	汩	浿	浿	测	测		
验	㇆	马	马	马'	马^	验	验	验	验	验	

测验 cèyàn 명 동 시험, 퀴즈, 시험 치다

健	丿	亻	仁	伊	伊	伊	佳	侓	健	健	
康	丶	亠	广	庐	庐	庐	康	康	康	康	康

健康 jiànkāng 형 건강하다

2. 다음 한어병음을 참고해서 중국어로 써 보세요.

1) Zhè zhǒng bǐnggān hěn hǎochī, wǒmen yìqǐ chī ba.

2) Wǒ yǒu yí ge jiějie. Zhè shì wǒ jiārén de zhàopiàn.

3) Tā shì lǎoshī, zài gāozhōng jiāo Yīngyǔ.

4) Nǐ jiějie kàn qǐlái yòu cōngming yòu nénggàn.

5) Wǒ shì dúshēngnǚ. ______

3. 다음 중국어를 따라 써 보세요.

1) 我明天有测验。 ______

2) 你学习真用功。 ______

3) 我听力不太好，没办法啊。 ______

4) 课本第36页倒数第二行的“独生子”是什么意思?

______

5) “独生子”是“没有兄弟姐妹的男孩子”。

______

4. 다음 문장을 한국어로 번역해 보세요.

1) 你有兄弟姐妹吗? ______

2) 你姐姐看起来又聪明又能干。 ______

3) 那你爸爸妈妈一定很疼你吧? ______

4) 对了，我有一个问题，可以问你吗？ ______

5) 课本第36页倒数第二行的“独生子”是什么意思?

5. 다음 문장을 중국어로 번역해 보세요.

1) 이 (종류의) 과자 맛있는데, 우리 같이 먹자.

2) 이건 우리 가족의 사진이야.

3) ‘외아들’은 ‘형제 자매가 없는 남자아이’야.

4) 나 내일 퀴즈가 있어.

5) 나는 듣기가 그다지 좋지 않아.

6. 녹음을 듣고 받아 적어 보세요.

1)

2)

3)

4)

第八课 Dì-bā kè 8 图书馆在哪儿? Túshūguǎn zài nǎr?

1. 다음 한자를 따라 써 보세요.

每

每 měi 대 매, 각, …마다

阅

览

室

阅览室 yuèlǎnshì 명 열람실

座

座 zuò 양 동, 채[건물, 산, 교량 등 부피가 크거나 고정된 물체를 세는 단위]

楼

楼 lóu 명 건물, 층

查	一	十	木	木	木	杏	杏	杳	查		

查 chá 동 (사전 등을) 찾다, 검색하다, 조사하다

渴	丶	冫	氵	氵	氵	氵	氵	氵	渴	渴	渴
渴											

渴 kě 형 목이 마르다, 갈증나다

热	一	才	扌	扎	执	执	热	热	热	热	
热	热	热	热	热	热	热	热	热	热	热	热

热 rè 형 덥다

2. 다음 한어병음을 참고해서 중국어로 써 보세요.

1) Zhōngyāng Túshūguǎn zài nǎr?

2) Zhōngyāng Túshūguǎn zài fǎlǜ xuéyuàn dōngbianr.

3) Shì ma? Wǒ yě xiǎng qù túshūguǎn zuò zuòyè. Tīngshuō zuìjìn túshūguǎn lǐ rén fēicháng duō.

4) Shì de. Búguò wǒmen xuéxiào yǒu hěn duō túshūguǎn, měi ge túshūguǎn dōu yǒu hěn duō yuèlǎnshì. Nǐ fàngxīn ba.

____

3. 다음 빈칸을 채워 넣어 보세요.

陈红：哇！图书馆真大！这座图书馆一共有几______？

李正民：五 ______。一______是电脑室，从三 ______到五______是阅览室。

陈红：你也常______这儿做作业吗?

李正民：不，我一般______宿舍做作业，______图书馆我只查资料______借书。

4. 다음 문장을 한국어로 번역해 보세요.

1) 中央图书馆在法律学院东边儿。

____

2) 四楼比较安静，我们在四楼阅览室学习吧。

____

3) 我有点儿饿，图书馆里有没有咖啡厅或者便利店？

____

4) 图书馆对面是咖啡厅，我们先吃点儿东西再来吧。

5. 녹음을 듣고 받아 적어 보세요.

第九课 Dì-jiǔ kè 9 现在几点? Xiànzài jǐ diǎn?

1. 다음 한자를 따라 써 보세요.

点	丨	⺊	⺊	占	占	点	点	点	点		

点 diǎn 양 시

分	丿	八	分	分							

分 fēn 양 (시간의) 분

差	丶	丷	䒑	兰	羊	差	差	差	差		

差 chà 동 부족하다, 모자라다

有	一	ナ	冇	有	有	有					
时	丨	冂	日	日	时	时	时				
候	丿	亻	亻	仁	仁	仁	候	候	候	候	

有时候 yǒushíhou 구 이따금, 간혹, 가끔

晚 饭

晚饭 wǎnfàn 명 저녁 식사

常 常

常常 chángcháng 부 늘, 자주

跟

跟 gēn 개 …와/과

月

月 yuè 명 달, 월

号

号 hào 명 일

星 期

星期 xīngqī 명 주, 요일

2. 다음 한어병음을 참고해서 중국어로 써 보세요.

1) Nǐmen Zhōngguó yě yǒu Fùmǔ Jié ma? ________________

2) Zhōngguó yǒu Mǔqīn Jié, yě yǒu Fùqīn Jié. Liǎng ge jiérì bú shì tóng yì tiān.

____

3) Shì ma? Nà Mǔqīn Jié shì jǐ yuè jǐ hào?

____

4) Mǔqīn Jié shì wǔ yuè de dì-èr ge xīngqītiān.

____

5) Fùqīn Jié ne? ________________

6) Fùqīn Jié shì liù yuè de dì-sān ge xīngqītiān.

____

3. 다음 빈칸을 채워 넣어 보세요.

李正民：你今天有几________课？

金惠琳：有两________：上午十点半一节，下午两点一节。

李正民：你________下课以后都做什么？

金惠琳：________去图书馆看书，________去咖啡厅做作业。

李正民：你一般________吃晚饭？

金惠琳：我一般六点________在学校食堂吃。

李正民：那吃饭________，在宿舍休息吗?

金惠琳：不，晚上我________跟室友一起出去运动。

4. 다음 문장을 한국어로 번역해 보세요.

1) 现在差十分十点。 ________________

2) 你平时下课以后都做什么? ________________

3) 晚上我常常跟室友一起出去运动。 ________________

4) 中国也有父母节吗? ________________

5) 我们星期六下午一点在学校门口见吧。 ________________

5. 녹음을 듣고 받아 적어 보세요.

1) ________________

2) ________________

3) ________________

4) ________________

第十课 Dì-shí kè 10 百货商店怎么走? Bǎihuò shāngdiàn zěnme zǒu?

1. 다음 한자를 따라 써 보세요.

怎								怎	怎	怎		
么		么	么									

怎么 zěnme 대 어째서, 왜

远							远				

远 yuǎn 형 멀다

大	一	大	大									
概												
	概											

大概 dàgài 부 아마, 대개

线	㇀	乡	乡	纟	纟	线	线	线			

线 xiàn 명 (교통)노선

然	ノ	夕	夕	夕	夕	然	然	然	然	然	然
然											
后	㇒	厂	斤	斤	后	后					

然后 ránhòu 접 연후에, 그런 후에

换	一	扌	扌	扌	护	护	换	换	换	换	
乘	㇒	二	千	千	千	乖	乖	乘	乘	乘	

换乘 huànchéng 동 갈아타다

拐	一	扌	扌	扌	护	护	拐	拐			

拐 guǎi 동 방향을 바꾸다, 꺾어 돌다

2. 다음 한어병음을 참고해서 중국어로 써 보세요.

1) Āyí, nín hǎo! Qǐng wèn bǎihuò shāngdiàn zěnme zǒu?

2) Yìzhí wǎng qián zǒu, dào dì-èr ge lùkǒu wǎng zuǒ guǎi jiùshì.
Lí zhèr bù yuǎn.

3) Shì dì-èr ge hóng-lǜdēng nàr ma?

---

4) Nà ge lùkǒu yǒu yì jiā Xīngbākè, jiù zài Xīngbākè nàr wǎng zuǒ guǎi.

---

3. 주어진 단어를 빈칸에 채워 넣어 보세요.

终于　　就是　　从　　还是　　这儿

1) 你看，前面左拐＿＿＿百货商店。

2) 我们＿＿＿到家了！

3) 你是第一次来＿＿＿吗？

4) 我＿＿＿不买了，这件衣服太贵了。

5) ＿＿＿我家到学校每天都堵车。

4. 다음 문장을 한국어로 번역해 보세요.

1) 我是一个路痴，从小不记路。 ＿＿＿

2) 终于下课了，我们赶紧去吃饭吧。 ＿＿＿

3) 他怎么还没到呢？ ______________________________

4) 走着去有点儿远，打的太贵，还是坐公共汽车去吧。

____

5. 녹음을 듣고 받아 적어 보세요.

1) ______________________________

2) ______________________________

3) ______________________________

4) ______________________________

5) ______________________________

第十一课
Dì-shíyī kè

11 您要买什么?

Nín yào mǎi shénme?

1. 다음 한자를 따라 써 보세요.

颜

色

颜色 yánsè 명 색깔

觉

得

觉得 juéde 동 여기다, 생각하다

逛

逛 guàng 동 거닐다, 구경하다

草

莓

草莓 cǎoméi 명 딸기

甜

甜 tián 형 달다

尝

尝 cháng 동 맛보다

找

找 zhǎo 동 거슬러 주다

打

折

打折 dǎ//zhé 동 할인하다

2. 다음 한어병음을 참고해서 중국어로 써 보세요.

1) Wǒ yào mǎi zhè liǎng jiàn yùndòngfú.

----

2) Zhè liǎng jiàn yīfu de yánsè hé zhìliang dōu búcuò.

----

3) Zhè shuāng xié wǒ yí kàn jiù juéde fēicháng shìhé nǐ.

----

4) Yì jīn èrshíwǔ kuài qián, sān jīn qīshí kuài.

----

5) Jīntiān cǎoméi gānggāng shàngshì, tèbié xīnxiān.

----

3. 주어진 단어를 빈칸에 채워 넣어 보세요.

到	想	要是	找	还是

1) 您______买什么水果？

2) 再往前走一点，第二个路口往左拐就______了。

3) 图书馆人太多，我们______在家写作业吧。

4) ______您三十九块钱。

5) 我们晚上要去吃火锅，你______想去的话，一起去吧。

火锅 huǒguō ⓜ 중국 훠궈

4. 다음 문장을 한국어로 번역해 보세요.

1) 我今天运气真好!

2) 你想买什么款式的?

3) 您要怎么支付?

4) 今天我们店搞活动，湿巾打九折，可乐买二送一。

5. 녹음을 듣고 받아 적어 보세요.

1)

2)

3)

4)

5)

第十二课 12 我已经买了票了

Dì-shí' èr kè

Wǒ yǐjīng mǎile piào le

1. 다음 한자를 따라 써 보세요.

考

考 kǎo 동 시험치다

上

映

上映 shàngyìng 동 상영하다

约

约 yuē 동 명 약속하다, 약속

票

票 piào 명 표

排	一	十	扌	扌	扌	扌	扌	排	排	排	排
队	⻖	阝	队	队							

排队 pái//duì 동 줄을 서다

果	丨	冂	日	旦	甲	果	果	果			
然	ノ	夕	夕	夕	夕	夕	然	然	然	然	然
然											

果然 guǒrán 부 과연, 역시나, 아니나 다를까

海	丶	冫	氵	氵	氵	海	海	海	海	海	
报	一	十	扌	扌	扌	报	报				

海报 hǎibào 명 포스터

2. 다음 한어병음을 참고해서 중국어로 써 보세요.

1) Wǒ xiǎng gēn nǐ yìqǐ qù kàn diànyǐng, nǐ shénme shíhou yǒu kòng?

2) Xià ge xīngqī kǎo wán shì jiù kěyǐ le.

3) Tīngshuō, zuìjìn chóngxīn shàngyìng de Xiānggǎng diànyǐng 《Yīngxióng Běnsè》 xìliè hěn shòu huānyíng.

4) Tài hǎo le! Nà jǐ bù diànyǐng wǒ děngle hěn cháng shíjiān le.

3. 한국어 해석을 참고하여 아래 대화에서 '了'가 사용될 수 있는 곳을 찾아 표시해 보세요.

1) 不好意思，我迟到。你等很久吧？
미안해. 내가 늦었네. 너 오래 기다렸지?

2) 没有。我也刚刚才到。
아니야. 나도 막 도착했어.

3) 自助服务机在哪儿？ 我们去买票吧。
키오스크가 어디 있지? 우리 표 사러 가자.

4) 我已经买票。
내가 벌써 표를 샀지.

5) 真的？太好。那我们进去吧。还有五分钟就要开演。
정말? 잘 됐네. 그럼 우리 들어가자. 5분 더 있으면 곧 상영 시작될 거야.

4. 다음 문장을 한국어로 번역해 보세요.

1) 不好意思，星期六我已经有约了。

2) 电影真不错！果然是经典。

3) 是啊！我还想再看一遍。

4) 那我们去买张修复版DVD和海报留个纪念吧。

5. 녹음을 듣고 받아 적어 보세요.

메모